Photo《フォト》 & Essay《エッセー》
やさしの国より

能登
劇場
八十八景

藤平 朝雄・文　渋谷 利雄・写真

中日新聞社

Photo《フォト》 & Essay《エッセー》 やさしの国より

能登劇場八十八景

「目　次」

 能登鹿島駅

Prologue
プロローグ

天恵受けて暮らす能登の人々

能登には真っ赤にもえるものが三つある。一に、五月の空におびただしい数の小花を咲かせるキリシマツツジ。二に、夏の夜空を彩《いろど》る祭りのキリコ（切籠）とタイマツ（松明）の灯火。三に、燃え尽きて涅槃《ねはん》の海に燦然《さんぜん》と没入する夕陽。

この大いなる天恵を、私は「能登三朱《さんしゅ》の神輝《じんき》」とよんでいる。古来より能登を育《はぐく》み、つつみ、照らし続けてきた三朱の神輝。その輝きは、神仏・祖霊・自然を渾然《こんぜん》一体とみる、能登人の「祷《いのり》」の化身といえるものだ。

のとキリシマは能登人の清《しょう》浄《じょう》のこころ。夜空を染める祭りの灯火は、大いなるものへの帰依《きえ》。大海原に沈む夕陽は、感無量のやすらぎと命の甦《よみがえ》りを暗示する希望の象徴である。

森羅万象《しんらばんしょう》の三朱の神輝に照らされ、いつしか能登人の体内に「やさし」の血が宿った。

対馬海流がすそをあらう能登半島北端の禄剛崎＝珠洲市で

「♪能登は日本のまん真ん中で　西も東も潮の帯　半島の北は禄剛崎《ろっこうざき》　はるか彼方《かなた》は佐渡島」（能登半島流し唄《うた》）

正真正銘、能登は日本の真ん中である。北海道の宗谷岬と九州屋久島までが、直線で千キロメートル。三百〜三百五十キロメートルの間には、東京、横浜、大阪、神戸の名だたる大都会が連なっている。

列島の扇の要に位置する能登劇場の舞台で、風物・産物・人物が織りなす小さな物語を、このたび能登在住のコンビが共演することになった。多彩な祭りが四季を彩り、濃《こま》やかな日本の原風景をよく残し、常に自然とともに暮らす能登人の物語を……。

舞台背景を演出するのは写真歴四十年、能州童《わらわ》の間で「祭りおじさん」と親しまれる渋谷利雄。語りは「風来坊冬涛」こと藤平朝雄。二人は田の神祭り「アエノコト」で出会ってから、すでに三十年になる。

さあ、これより能登劇場の幕開けである。

キリコ奉灯物語 一

宇出津《うしつ》あばれ祭り（能登町）

能登の招福灯籠《とうろう》

笛・太鼓・鉦《かね》のはやしに合わせて、夜空に威勢のいい掛け声がこだまする。吹き出す汗とほとばしる熱気、詰めかけた観衆のさんざめきが、宵《よい》祭りをいやが上にも盛り上げる。

　七月から十月中旬まで、中能登以北の夏秋の祭礼に、随所でキリコと呼ぶ角形の大型ご神灯が担《かつ》ぎ出される。キリコは切子灯籠《とうろう》を縮めた言葉。七尾市や志賀町ではホート（奉灯）とかオアカシ（お燈）ともいう。

　能登を代表する伝統的な祭りだが、昭和五十年代初めごろまでは、他県はもちろん加賀でも知られなかった。金沢でキリコといえば、盂蘭盆《うらぼん》に供える灯籠なので無理もなかった。

　二十一世紀に入ってから、半島おこしの起爆剤として、地域あげてのPRが進んだ。そのかいあって、近年はようやく〝地方区〟から〝全国区〟の祭りに認知されてきた。現在、能登各地で行われているキリコ祭りは、およそ百五十カ所。キリコの数は推定で合計すると七百基余り。県都金沢でも見ることのできないこの華麗な祭りが、なぜ能登に広く行われているのか、あるいはキリコ祭りは、どんな変遷をみて能登に根づいたのか…など、謎《なぞ》が多いだけ夢も膨《ふく》らんでくる。

「祭りに理屈はいらんぞ。なんも言わんのに、出とったもんが帰ってくるんやから」

　三十年も前のこと。ある地域のキリコ祭りを見に行った折、地元の人からこんな話を聞かされた。なるほどなぁと思った。

言われてみればその通りだ。そもそも祭りそのものが不思議なものなのだ。

ただ言えることは、祭りが地域社会に果たす役割は、計り知れないものがあるということだ。コミュニケーションを深め、連帯の絆《きずな》を強める祭りの力は、まさに「神業」というべきものだ。キリコ祭りは、地域に幸せを招く真の底知恵なのだ。

四十数基のキリコが海の町に乱舞する「あばれ祭り」は、七月第一金・土曜日に行われる。キリコ祭り暦《こよみ》のトップバッターである。

「サー　イヤサカサー　サカヤッサイ」

能登キリコ祭りのさきがけ役を務める宇出津の「あばれ祭り」＝能登町で

キリコ奉灯物語 二

松波キリコ祭り（能登町）

能登の風流《ふりゅう》灯籠《とうろう》

キリコの起源は明らかではないが、人は遠い昔から海山里の幸とともに、神に灯火を奉ってきた。大いなるものへの献灯には、さまざまな祈願がこめられている。闇夜《やみよ》を照らす灯火は、荒野を拓いてきた人類の証《あかし》なのだ。

万物を育《はぐく》む自然環境は、私たち人間にとっても生命の源泉だが、時に狂ったように人々の生活を脅かす。台風、地震、雷、津波、大雨、水害、火災、干ばつ、山崩れ、疫病《えきびょう》の流行などに見舞われるたび、人は対処しようもなく自らの身を潔斎《けっさい》して、ひたすら祈りを捧《ささ》げてきた。これが祭りの事始めだろう。

時代が下り、室町時代末期から近世初期にかけ、厳粛な祈り灯にさまざまな技巧がほどこされ、風流灯籠《ふりゅうとうろう》が誕生した。京の都に仕える役人たちの間で、趣向をこらした灯籠を宮中に献じ、これを飾って見物させる恒例行事まで行われたという。京の都の華やかな灯籠文化は、海陸双方の道を伝って全国各地へと波及した。影響をうけた地域では、灯籠笠《かさ》や花灯籠、人形や扇や切子などの灯籠に様変わりしながら、風流灯籠の波紋は各地に郷土色豊かな祭礼を誕生させた。

現在見るような華やかな能登のキリコは、藩政中期以降に風流の影響をうけた能登版と言えるもの。風流灯籠の本流が能登から東北へたどった軌跡は、日本海沿岸各地の伝統ある祭礼に、今も脈々と息づい

ている。

能登のキリコ、富山県のタテモンや夜《よ》高《たか》行《あん》灯《どん》、新潟弥彦の灯籠神事、秋田の竿灯《かんとう》や能代《のしろ》の眠り流し、青森県には弘前、黒石、五所川原、青森などの各種のネブタがある。

灯籠の用い方、形状、祭りの性格は違っても、いずれも夜の巷《ちまた》に賑々《にぎにぎ》しく華やかにひき出される点で、ひとしく共通している。能登にあっても、各地で趣向のこらし方が違うのは、それぞれの地域の風流の表現なのだ。

闇夜《やみよ》に担《かつ》ぎ出されるキリコには、風流を楽しむ心と、祖先たちの慰霊鎮魂の観念が、ほのかに融《と》け合っているかのようだ。

キリコの前に人形を飾って町内を練り回る「松波キリコ祭り」＝能登町で

キリコ奉灯物語 三

恋路火祭り（能登町）

悲恋伝説秘める祭り

男のヤキモチ火事より怖い…とは、今も昔もよくある話だ。能登町の恋路浜には、地名ゆかりの悲恋物語が今も伝えられている。

月のない夜。かがり火を焚《た》いて待ち合わせをしていた相愛のふたりが、横恋慕した男の謀略にあって若者は磯《いそ》の深みに落ちて死ぬ。それを聞いた娘も悲しんで、自ら海に身を投げた。二百数十年前にあらわされた『能登名跡志』（太田頼資著）にも、そのくだりが紹介されている。

七月二十七日は、悲恋伝説を秘める恋路白山神社の夏祭り。夜には華麗な火祭りが行われ、あかあかと灯を点じた二基のキリコが、海中に入ってひとしきり乱舞する。折から花火が打ち上げられ、夜空に大輪の花が咲く。

次に対岸の弁天島に仕掛けられた花火が披露され、最後は柱松明《たいまつ》に火が放たれる。炎はメラメラと燃え広がり、恋路の浜を染めていく。弁天島に集結した若者たちが、竹竿《たけざお》に取り付けた小松明《たいまつ》をいっせいに振りかざし、島の周囲を駆け巡るにいたって、火祭りは最高潮に達する。名勝の浜辺に詰めかけた群衆は、キリコの渡御《とぎょ》と火祭り、そして花火の祭典を堪能し、やおら家路へ向かう。

この地に悲恋物語が伝わることもあって、火祭りもある種のロマンをかきたてるが、本来は火の神を慰撫《いぶ》する鎮火祭が起源である。

火祭りとは、いったい何を意

味するのか？　あらゆる霊長類の中で、人間だけが用いるとみられる技術や心の営みが幾つかある。代表的なものが火を使うことと、宗教を持つことであろう。双方とも人が生きていくためには、かけがえのないものだが、ひとつ間違えば大きな災禍《さいか》を招くものだ。

その一例を挙げれば、大火災とサリン事件である。火の恩恵も被害も、古代人は火の神が司《つかさど》るものと信じていたのだろう。恋路では寛政二（一七九〇）年に鎮火祭が行われた記録があるから、火祭りもそのころから始められたのではないか。炎暑の中で火による災厄《さいやく》を祓《はら》う火祭りは、まさに秘祭りといえるだろう。

2基のキリコを海中に留め置いて、弁天島で華やかに行われる火祭り
＝能登町恋路海岸で

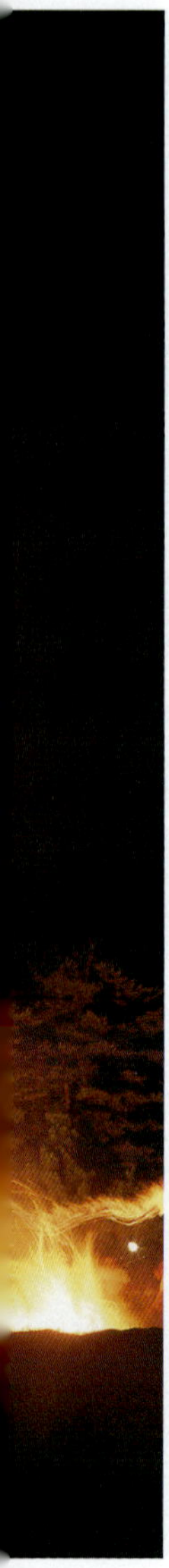

キリコ奉灯物語 四

能登島の火祭り（七尾市）

巨大柱松明《たいまつ》の炎上

能登一巨大な柱松明《たいまつ》を炎上させて、豪快な火祭りを行うのは七尾市能登島向田の伊夜《いや》比咩《ひめ》神社の夏祭りである。旧暦のころは水無月（六月）末日に執行されていたが、新暦になって月遅れの七月三十一日に、そして七月の最終土曜日になったのは、つい最近のことである。祭典日に由来をもつ伝統的な祭りさえ、近年は過疎化と少子高齢化の波に抗しきれず、各地で祭礼日の変更が雪崩《なだれ》現象で起きている。

能登では柱松明の炎上行事を伴うキリコ祭りを、オスズミ祭りと呼ぶところが多い。納涼祭の字をあてているが、本来の意味するところはもっと奥行きが深い。能登における夏祭りの発生起源は祇園《ぎおん》祭系のものと、能登島の火祭りにみるような、夏越《なごし》の神事に発するものが多いのが特色である。

夜のとばりが下りれば、宮からキリコ奉灯を従えた神輿《みこし》がお旅所へと向かう。闇《やみ》の中に二十五メートルもの巨大な柱松明が立つ崎山広場にいたると、神輿とキリコ奉灯が走って柱を回る。次にお旅所での清祓《はら》いを済ませると、若者たちは一斉に疾走して手にかざした小松明を柱松明めがけて投げつける。

見る間に火炎は天空をめざしてかけ上り、柱は命を得た火の化身となって、夜空をあかあかと染める。はじけ飛ぶ火の粉はさらに勢いを増し、熱風をよび、瞬時にして私たちを縄文期の世界へと誘ってくれる。

若者たちが振りかざす手松明の火を受け、夜空に浮かび上がる巨大な柱松明
＝七尾市能登島向田で

この壮烈な光景を眼前に仰げば、確かに火の神様は今もおわします…という実感を持つ。

オスズミ祭りは、炎暑のさなかに神様を清涼なお旅所に案内し、ご機嫌うるわしく休息いただこうという趣旨もあろう。実際には炎暑に壮烈な火の祭典を行うのである。

火祭りの本来の願いは、火の神の猛威を和《なご》めて、災禍《さいか》無きことを祈念するのが本義であろう。旧暦六月晦日《みそか》は一年の折り返し点。夏越しの祓《はら》えを行う日は、月の無い夜である。真っ暗闇の中だからこそ、巨大な柱松明の火もキリコの灯も、ありがたいものなのだ。

キリコ奉灯物語 五

石崎奉灯祭（七尾《ななお》市）

デカ灯は地域の心意気

「キリコ祭りにゃ帰って来いや！」とは、旅立つ子どもに贈る励ましの言葉である。たとえ遠くに出かけても、祭りには必ず生まれ故郷に帰ってくる。祭りは他郷にある家族を引き寄せ、一家の息災と団欒《だんらん》を神に感謝して祝う日だ。さらに地域社会の繁栄と連帯を祈念し、エネルギーを爆発させる日でもある。

高さ十二メートル、重さ二トン、担《かつ》ぎ人足百人。六基の巨大キリコを昼夜にわたり、八月第一土曜日に担《かつ》ぎ出すのは七尾《ななお》市石崎町の夏祭り。太鼓や鉦《かね》の囃《はやし》に合わせ、ソレイヤサカサー、サカサッセー…の掛け声も勇ましく、身長の七倍もあるキリコ奉灯を威勢よく担ぎ回る。各町内が揃《そろ》って巨灯を担ぎ出すのは、今では石崎町だけである。

まだ電灯が入らないころ、輪島や宇出津《うしつ》でも石崎奉灯祭規模のキリコを、二十〜三十基も担いでいた。それが明治末期から大正期にかけて、町内に電線がひかれるようになってから、大型キリコの灯は次々と消え去った。

石崎町の祭礼にキリコが出るようになったのは、明治中期のことである。漁業の町に悪疫《あくえき》がはやり、その退散を願ってはじめた祇園《ぎおん》祭が発端である。

藩政末期に、十二メートルの総輪島塗キリコを担いでいた輪島に比べると後発だが、その後のエネルギッシュな祭り執行の継続は、なんとも素晴らしく頼もしい。

明治末から順次電線工事が進められ、主な町からキリコが小型化した。石崎町では奉灯巡行を優先させる架線にしたため、今もジャンボなキリコ奉灯が担ぎ出される。これは地域住民の先見性というべきものだろう。

地域団結のシンボルといえる大キリコの巡行は、地域の心意気の誠を、神と観衆に高く掲げることの証《あかし》である。氏子らが連帯してハレの日に巨灯を担ぎ、持てる力も、流れる汗も、金銭も惜しまず、全エネルギーを放出して担ぎ出している。これぞ真の奉仕というものだ。

石崎衆のでっかい心意気をあらわす奉灯祭を、私は親しく「デカ灯祭り」と呼びたい。

昼夜にわたり6基の巨大なキリコを担ぎ出す石崎奉灯祭＝七尾市石崎町で

祭　花　景　冬　史

キリコ奉灯物語 六

見付《みつけ》の七夕祭（珠洲《すず》市）

キリコいっせいに海中へ

夏から秋にかけて、能登各地の夜祭りに華麗な姿をみせるキリコは、賑《にぎ》わい創出にかかせない祭りの「華」だ。夜空をあかあかと彩る風流灯籠《ふりゅうとうろう》のキリコは、神輿《みこし》巡行の夜道の明かりで、先導・護衛役に加えて囃《はやし》方も務める。神幸の道中では妙《たえ》なる笛の音を奏で、太鼓と鉦《かね》の力強い交響音で邪気・厄災を追い祓《はら》う。まさに三役兼ねる花形役者である。

ひとくちに「祭り」と言っても、その性格も形態もさまざまだ。大きく括《くく》って、神事と祭礼、幽祭と顕祭、静祭と動祭、定置祭と巡行祭という区分もできる。キリコの役割は祭礼・顕祭・動祭・巡行祭の、賑《にぎ》わいづくり担当の名エンターテイナーといえるだろう。

キリコが出る祭りは、夏越《なごし》の神事や祇園《ぎおん》祭を起源とするオスズミ（納涼祭）や秋の収穫祭が多いが、珠洲市の内浦地域では七夕祭にも登場する。七夕は本来「五節句」の一つで、織女星・牽牛《けんぎゅう》星の銀河伝説などに彩られ、国内各地で多様な行事が催されている。その一つに、眠り流しで有名な青森のネブタ祭りがある。また長い竹竿《たけざお》に数本の横竹をつけ、夥《おびただ》しい数の提灯《ちょうちん》を下げて街中を練る、秋田の竿灯《かんとう》祭も七夕行事である。

八月七日夜。珠洲市宝立町《ほうりゅうまち》の見付《みつけ》海岸で、月遅れの七夕キリコ祭りが盛大に行われる。夜の帳《とばり》が下りれば、鵜飼川河口にかかる港橋のほとりに、見送り絵も艶やかな各町内のキリコが集結する。高さ十三メートルの大キリコがひときわ目をひく。やがて見付浜へと巡行し、午後十時半ごろには海に向かって勢揃《せいぞろ》いする。

いよいよ、七夕キリコ祭りのクライマックスを迎える。海上に花火が次々と打ち上げられ、激しく打ち鳴らす太鼓に囃《はや》したてられるように、数基のキリコが沖合にしつらえた松明《たいまつ》の火をめざし、いっせいに海中へと担《かつ》ぎ出される。浜を埋めつくした観衆からどよめきの声が上がり、惜しみない拍手が送られる。石崎奉灯祭や宇出津《うしつ》のあばれ祭りと並ぶ、能登を代表するキリコ祭りの一つである。

夜半の海中渡御が観衆をわかせる七夕キリコ祭り＝珠洲市宝立町で

キリコ奉灯物語 七

柳田ござれまつり（能登町）

地域振興の核灯籠《とうろう》

伝統的なキリコ祭りを核にして、地域あげて行われるイベント「ござれまつり」が、毎年八月第三土曜日に開かれる。会場は能登町の丘陵地域に広がる柳田植物公園。ござれとは「いらっしゃい！」の土地言葉。例年、会場に二万人あまりの観衆が詰めかける人気イベントで、午後から夜にかけて郷土芸能などの賑《にぎ》やかな催し物が続く。

見ものは、灯をともした三十基あまりのキリコが集結し、澄みきった星空に華麗な大輪が花開く打ち上げ花火。奥能登のイベントで、これほど盛り上がりを見せる行事も珍しい。官民あげての熱意によるものだが、イベントの「核」に地域伝統のキリコを活《い》かした企画が光る。過疎を逆手《さかて》に、地域が共有する誇りを連帯の絆《きずな》にしているからだ。

能登独特のキリコ祭りは、これまでも地域振興に多大な寄与をしてきたが、今後さらに大きな役割が期待されるだろう。外からは見えないキリコ祭りの核心には、地域振興の知恵が充満している。いくつかあげてみる。

①祭りの準備、催行、後片付けまで、全住民が行うことで連帯感が強まる　②他郷に出ている人が郷里に帰ってくる日　③祭りのヨバレ（飲食招待）は、疎遠がちな親戚《しんせき》・友人間の懇談の機会　④老若男女が総参加で行う年に一度の地域パフォーマンス　⑤祭りは劇場。住民が演者と黒子役で、来訪者は客席の観衆。両者があって祭礼が成り立つ　⑥祭りを行う側は労力と金銭を放出するが、地域全体でみれば大きな経済効果を生む　⑦住民が地域の伝統文化を再確認できる。子供に「祭りの素晴らしさ」を、五感で知ってもらえる教育効果も大きい　⑧蓄えたエネルギーを一気に爆発・放出することで、心身も空っぽになるが、その空洞に新しい生命が甦《よみがえ》る──。

キリコ祭りが内包する知恵の深さは、計り知れないものがある。祭りは地域の連帯と振興に欠かせない、天与の知恵袋である。いわばキリコは、地域振興の「核」灯籠《とうろう》なのだ。

大小30基あまりのキリコが勢揃いする「ござれまつり」＝能登町柳田植物公園で

祭　花　景　冬　史

キリコ奉灯物語 八

輪島大祭（輪島市）

360年余り続くキリコ

舞台は藩政期にさかのぼる。加賀百万石の時代である。大半の武士が居をかまえる城下町金沢では、町衆あげて燃焼する祭礼が乏しかったが、対照的に能登の輪島では盛大なキリコ祭りが行われていた。殿様のお膝元《ひざもと》では民衆のエネルギーが爆発して、異常な興奮を喚起《かんき》する祭礼は歓迎されなかったようだ。

　今から二百年以前の輪島大祭の様子が、太田頼資の『能登名跡志』に詳しい。祭りの記述が詳細なのは、加賀藩士だった頼資が金沢から輪島に移住し、医者になって現地で大祭をつぶさに見聞したからである。その一部を現代風に書き換えて紹介する。

「七月（注…現在の八月）二十三〜二十六日は輪島の祭礼で、近郷隣国より諸商人らが群集して、たいへん賑《にぎ》やかだ。二十三日は河井祭礼で、重蔵宮の神輿《みこし》が浜伝いに川尻のお仮屋へ御幸《みゆき》する。浜には高さ六〜七メートルほどの柱松明《たいまつ》が二カ所に立てられ、神輿が来れば炎上させる。神輿には各町内の大灯籠《とうろう》が随行して見ものである。神馬も数多く出て神官の競馬もある。二十四日夜の鳳至《ふげし》住吉宮も、二十五日の輪島崎祭礼も同様に美しく賑《にぎ》やかだ」「芸人や見せ物小屋なども並び、賑々《にぎにぎ》しいさまは言葉に表せない」と記されている。

　さらに藩政初期の正保三（一六四六）年にさかのぼる。輪島住吉宮の祭礼定書に「切籠（キリコ）が毎度神輿《みこし》に近寄って来るので要注意」と書かれている。形状も規模も不明だが、三百六十年前には既にキリコが出ていたということだ。

　定書によれば、獅子頭が御幸の先払いを務め、柱松明《たいまつ》を燃やし、神事相撲を行い、お祭市が賑《にぎ》わっていたことなどが窺《うかが》える。藩政末期になると、輪島では高さ十〜十二メートルの総輪島塗のキリコが、多数神輿《みこし》の巡行に供奉《ぐぶ》して衆目を驚かせた。現今見るような華麗なキリコが登場したのは、文化文政期（一八〇四〜二九年）前後とみられる。以来、続々と地域・町内が競って大キリコを担《かつ》ぎ出し、祭礼の夜は年に一度の大賑《にぎ》わいをみせた。

燃え盛る大松明の下を神輿が激しく練り回る＝輪島市輪島崎で

祭　花　景　冬　史

キリコ奉灯物語 九

中島屋の大キリコ（輪島市）

巨商中島屋が一軒出し

能登のキリコ奉灯史上で、これほど贅《ぜい》を尽くしたキリコは、後にも先にもないだろう。藩政末期。輪島の巨商中島屋が、全盛時代に「一軒出し」した大切《きり》籠《こ》である。一軒出しとは制作費も運行諸費もすべて個人で負担し、自家の羽振りのよさを、世間に祭礼で披瀝《ひれき》する旦那《だんな》衆が出すキリコのこと。

嘉永六（一八五三）年七月（現在の八月）二十四日。蔵宿《くらやど》や酒屋、質屋、土地売買などを営む中島屋三郎左衛門家が、住吉神社の夜宮《よみや》でとてつもない豪奢《ごうしゃ》なキリコを担《かつ》ぎ出した。

高さ十二メートル、幅一メートル九十センチ、中腹《なかふく》の丈《たけ》が五メートル。屋根の横幅は三メートル二十センチに一メートル八十センチ。アテ材を用いた総布着せの輪島塗キリコで、四本柱の上下には精巧な一本彫りの上り龍《りゅう》下り龍が巻かれ、下桁には源平屋島合戦の彫り物が付けられた。さらに屋根下の雲板には極彩色の鳳凰《ほうおう》が、屋根の棟上には九十五センチの金箔《きんぱく》を施した鯱《しゃち》が一対飾られていた。眩《まばゆ》いまでの豪華で華麗なキリコが、見物衆を驚かせた。

能登の歴代キリコの中で最も絢爛《けんらん》豪華で、数々の逸話を生んだ中島屋の巨灯も、その後は数奇の運命をたどった。明治八（一八七五）年に没落の憂き目にあい、大キリコは輪島近在の深見町大谷内地区が買い入れた。八キロ離れた深見の鷲岳宮に出《しゅつ》御《ぎょ》した大キリコの灯は、輪島の街からもチラチラ見えたという。

買い受けた深見町では、この大キリコを立てると好天にもかかわらず、三粒ほどの雨が降る…という伝説が生まれた。戦前まで担《かつ》いでいた土地の古老から、そんな不思議な話を聞いた。

キリコを立てると雨が降る…という話は、面白くて悲しい。没落した中島屋の悲憤の涙ともいう。あるいは当時、漆器業が不振で救済のために塗らせたため、雨は塗師たちの感涙《かんるい》だともいう。また四本柱にとりつけた、八頭の龍が雨をよぶという話もある。

中島屋のキリコは、今も担ぎ棒以外は往時のまま残っている。百五十数年の星霜《せいそう》を経た姿を、輪島キリコ会館で見ることができる。

キリコ祭り史上最も贅を尽くしてつくられた、中島屋の大切籠＝輪島市のキリコ会館で

祭　花　景　冬　史

キリコ奉灯物語㊉

蛸島《たこじま》大祭（珠洲《すず》市）

能登の灯《ひ》よ永久に

季節は夏から秋へ。七月初旬。能登町宇出津《うしつ》のあばれ祭りで幕開けしたキリコ祭りは、十月中旬ごろまで各地で転々と行われる。

夏も去り、九月になれば穴水町の大町や川島、能登町の柳田や小木、珠洲市の大谷や寺家、蛸島などの祭礼にもキリコが出御《しゅつぎょ》する。

秋祭りの白眉《はくび》は、九月十〜十一日に催される珠洲市高倉彦神社の蛸島大祭だ。漁業の町の派手好みと気っぷのよさが、飾りつけや衣装にもよく現れている。漆塗りのキリコ本体に取り付けた装飾は、ふんだんに金箔《きんぱく》を施した自慢の彫り物。ドテラとよぶ派手な衣装に、鈴を付けた化粧前掛け姿の若い衆。赤いケダシ姿は娘たち。年に一度の大祭ならではのド派手な出立《いでたち》もまた、蛸島衆の心意気だ。

十一日の夜。キリコが入宮すれば境内の神楽殿で、若者らによる呼び物の滑稽《こっけい》劇「早船狂言」が開幕。巻物を手にした口上人がまことしやかに由来を読み上げた後、芸者に入れあげる船頭と、出港を促すトモトリが登場する。珍妙にして抱腹ものの掛け合いコントに、詰めかけた観衆から「イヨー色男、日本一！」の声が飛ぶ。藩政時代から伝わる狂言が、祭りの夜の賑《にぎ》わいを盛り上げる。

四十年前のこと。カメラを携えた若い男が初めてここを訪れた。夕暮れの賑わう祭り場に入ると、ずらっと並ぶ華やかな意匠の大型祭具が目に入った。それは、派手な衣装姿の若衆に囲まれた、町内自慢のキリコだった。折しも、そこに夕日が射しこんだ。漆黒のキリコと金《きん》箔《ぱく》付きの彫り物が、キラリと輝いた。それを眺めていた小柄で精悍《せいかん》な面立ちの顔に、優しい笑みがこぼれた。「能登にはなんと凄《すご》い祭りがあるのか。よし、ライフワークで撮ってみよう！」

男の顔に浮かんだ微笑《ほほえみ》は、厳しいその後の写真行脚《あんぎゃ》への決意でもあった。男の名は渋谷利雄。以来四十年、数々の能登の原風景を撮り続け、この能登劇場の舞台背景も熱写する。キリコと氏の衝撃的な出合いだった。

漆塗りのキリコに金箔付きの彫り物が見もの。秋季キリコ祭りの白眉・蛸島大祭
＝珠洲市蛸島町で

お熊甲祭り

祭　花　景　冬　史

おいでの春 ①

気多《けた》大社《たいしゃ》平国祭《へいこくさい》（羽咋市《はくい》ほか）

能登路に春を告げる

能登路に春の訪れを告げる代表的な風物詩が二つある。ひっそりと奥能登の猿山岬《さるやまみさき》で可憐《かれん》な花を開く雪割草と、雅《みや》びやかに口能登《くちのと》（編注…能登半島の根元のこと）一帯を巡幸する気多大社の平国祭である。

祭りは彼岸の三月十八日から二十三日までの六日間、三百キロメートにもおよぶ長丁場《ながちょうば》を巡歴する大規模なもの。その昔、気多大社の祭神・大巳貴《おおなむち》命《みこと》（＝大国主命）が強力な助っ人の少名彦命《すくなひこなのみこと》とともに、邑知《おうち》潟《がた》周辺の住民を悩ませていた邪神奸賊《かんぞく》どもを一掃した…という伝承に彩られている。

古事記にもみえる大国主・少名彦の大小二神による、国平定の故事を偲《しの》ぶ大規模な御《み》幸《ゆき》祭。気多大社の祭神がお出ましになられるところから「おいで祭り」と呼んでいる。

三月十八日。待ちわびた春風の中を、神馬を先頭に錦旗《きんき》や社旗などが供奉《ぐぶ》する神輿《みこし》行列が気多社を出発。六日間をかけて羽咋《はくい》市、志賀町、七尾市、中能登町の二市二町の由緒地や神社を歴巡する。往路の四日目に御旅所の気多本宮（能登生国玉比古神社《いくにたまひこ》）に御着し、帰路は二日をかけて気多宮に還《かえ》る。その間、立ち寄り先では珍しい神饌《しんせん》習俗がみられる。

中川の黄粉餅、酒井の桃団子、良川の黄粉団子、能登部では花びら団子や稗粥《ひえかゆ》のほかに濁り酒が、金丸では半蒸し団子などが献上される。時折、私は能登部神社の濁り酒のおさがりを頂戴《ちょうだい》しているが、あの芳《ほう》

春の到来を告げに口能登各地を巡歴する平国祭＝中能登町で

醇《じゅん》な香りは、まさに「神妙」という言葉がふさわしい。

暑さ寒さも彼岸まで…は、国内各地でよく聞く諺《ことわざ》だが、能登では「寒さも気多のおいでまで」という。能登一宮の気多大社の祭神が、賑々《にぎにぎ》しく長途のお旅に出て、沿道住民に春耕の時を告げながら、ゆかりの地域や子孫神を歴訪する予祝祭である。

おいで祭りは近世以前に行われていた古《いにしえ》からの祭りで、二百数十年ほど前に書かれた『能登名跡志』にも、多くの神職が「美々しく馬上にて神輿を供奉して壮観也《なり》」と、往時の神賑わいの様子を今に伝えている。

祭　花　景　冬　史

おいでの春 ❷

藤波酒樽《さかだる》祭（能登町）

豊作豊漁の奪い合い

春が来れば鳥がさえずり、花たちは蕾《つぼみ》を開いて謳歌《おうか》する。空も海も青く染まり、大地に息吹が甦《よみがえ》る。空が晴るる・気が張るる。自然界のいとなみが春の語源になったのだろう。

春祭りには山車《だし》や獅子舞の一団が、災厄を祓《はら》って瑞気《ずいき》を放ち、賑々《にぎにぎ》しく地域内を巡回するものが少なくない。中にはこんなユーモラスな春祭りもある。

能登町藤波の神目《かんのめ》神社には、古《いにしえ》より伝わる樽《たる》祭りとか酒樽返しと呼ばれる奇祭がある。四月二日。午後二時に始まる祝詞《のりと》奏上が済めば、豆しぼりに白足袋を履いた下帯ひとつの若者たちが、一斗《いっとう》樽を神主から拝受する。すかさず石段を駆け下り、一団は集落の枯田へと走る。田の中に入れば泥だらけになって揉《も》み合い、へしあい、互いに酒樽を奪い合う。

次の舞台は国道下の辺田《へだ》の浜に移る。四月とはいえ、まだ海水は冷たい。男たちは気合を入れて海の中に入り、酒樽の争奪戦を再開する。樽は男たちの手から手へと移り、さながらラグビーボールのようだ。

しばらくすると中断し、ひととき浜辺のたき火で暖をとった後、再び海に入って激しい樽の奪い合いを続ける。争奪戦が終われば、樽はめでたく神社に納められる。その後、鏡割りをした樽酒は参詣人に振る舞われるが、樽の中でもまれた酒は、香りが増してうまいという。

神目神社のご神体は、その昔、藤波の浜に寄り来たったという話がある。能登によくある漂着神伝承の一つである。また若衆が締めた泥まみれ・潮づくしの下帯を、妊婦が岩田帯として用いると安産になるとか、若者らがつかった風呂に入ると無病息災になるともいう。神《しん》威《い》の力にあやかりたいという、素朴な住民の願いが生みだした習俗である。

樽祭りは乱場・らんちき騒ぎを経て、地域の繁栄と豊作豊漁を祈願する予祝の祭りだ。祭りの形態は時代とともに変化するが、祭りが地域の連帯感を高める役割を果たすことには、いつの世も、いささかの変わりもない。

辺田の浜の海に入り、酒樽を奪い合う若者たち＝能登町藤波で

おいでの春 三

輪島曳山《ひきやま》祭り（輪島市）

奥能登の春を曳く

華麗な輪島塗の山車《だし》が、奥能登に春を曳《ひ》いてくる。輪島の春祭りは、桜がちらほらと開き始める四月五～六日に行われる。折しも市街地を二分して流れる輪島川では、産卵に遡上《そじょう》するイサザ（しろうお）を、四手網で掬《すく》い上げる長閑《のどか》な待ちぼうけ漁も見られる。

川の両岸に家並みが連なる町は、伝統の輪島塗をなりわいとする鳳至《ふげし》町と河井町。両町の春祭りの呼びものは華やかな曳山《ひきやま》の運行で、五日は西の鳳至町住吉神社、六日は東の河井町重蔵神社を中心に曳き出される。

多勢の子供らに曳かれた山車は、春風とともに、ゆるゆるゆるると町の目抜き通りを巡行する。交通規制を伴う曳山の運行は、綿密な時間スケジュールが組まれ、巡行時刻が近づくと沿道は観衆でふくれあがる。山車はいつも町衆に見守られているのだ。

目の前を山車が通過する際、数珠こそ持たないが両手を合わせるお年寄りが多い。神仏を拝する折には自ずと合掌するのが、土までやさしい…といわれる能登人の心性なのだ。

曳山祭りの一切の世話にあたるのは、四十一～四十二歳の厄年《やくどし》の男たち。その集団組織を「お当組」といい、仲間を「お当連れ」と呼ぶ。当組はきちんと役職化され、祭礼経費捻出《ねんしゅつ》のための募金活動から山車の運行まで、祭り運営の一切を取り仕切る。それだけではない。夏の大祭における神輿担《みこしかつ》ぎな

ど、神社の年中行事に欠かさず関《かか》わるのである。

丸一年。当組連中はあれこれと神社祭礼の奉仕に明け暮れるが、その労苦を共有することで、生涯にわたる親交が生まれる。冠婚葬祭はもとより、飲み会や旅行、そして還暦を迎えれば揃《そろ》って伊勢参りをするなど、当連れの交友はあの世まで続く。

祭りは華やかな表面に衆目が集まるが、見えないところで人と人との絆《きずな》を育《はぐく》む機能を内在している。したたかな祭りの知恵というべきものだ。輪島の曳山祭りが終わると、奥能登にどっと爛漫《らんまん》の春が押し寄せてくる。

多くの子供たちに曳かれて漆器の町を巡行する山車=輪島市河井町で

おいでの春 四

小木《おぎ》伴旗《ともばた》祭り（能登町）

海原を行く大幟《のぼり》

　波静かな湾内を、長大な幟《のぼり》旗《ばた》の列が神輿《みこし》にお伴して巡行する。トンバタ（伴旗祭り）と呼ばれる能登町小木の春祭りは、五月二〜三日に行われる。三日の午後には御船神社の神輿を載せた御座船が、勇壮な幟旗を立てた九隻の伴船を従え、海上安全と豊漁を祈願して故郷の碧海《へきかい》を巡る。幟の高さはおよそ十七メートルで幅は二メートル。御座船に曳《ひ》かれた伴船が、大幟をつらねて湾内を巡行する光景は、さながら凱《がい》旋《せん》パレードを思わせる。

　イカ漁の基地で知られる小木は、天与の良港に恵まれた港町。藩政時代には「三州一の潤《うるま》」と讃《たた》えられた小木港も、過去に幾度も浮き沈みの歴史を繰り返してきた。

　昭和五十年代はじめには、サケマス漁を中心に、水揚高百五十億円という好景気に沸き、競って新築家屋が軒をつらねる盛漁期もあった。その後は一転、二百カイリ時代に翻弄《ほんろう》される苦い憂き目も味わった。

　だからこそ小木の町衆は嬉《うれ》しい時も、つらい時も、神を敬い頼み、祭りを尊び盛大に奉賛してきた。豊漁安全を祈願するのに、漁所特有の気っぷのよさで、地域のシンボルの大幟を伴船に掲げてきた。

　勇ましい伴旗祭りだが、地元では「こども祭り」という。幟は二百枚余りの美濃紙を貼《は》り合わせて作る。製作から経費の捻出《ねんしゅつ》まで、以前は中学生を中心とする子供組で行ったそうだ。ところが今は少子化の時代。子供らの手不足は、親たちが加勢して春祭りに備えている。

　「神旗招福寿」「神鼓轟福海」「銀鱗踊碧海」など、めでたい大字が伴旗に掲げられる。幟の上にはマルバタやタンジャクが飾られ、潮風《しおかぜ》に颯爽《さっそう》とひるがえる。伴旗の名は旗を船のトモ（へさき）に立てるから、あるいは神輿船に旗を立てた船が伴するから、ともいう。

　船に乗り込んだ子供たちの「ヨォー、ヨォー」の掛け声と、太鼓と鉦《かね》の響きが海原をわたる。小木の子供らにとっての春祭りは「われは海の子」の心意気なのだ。

海上安全と豊漁を祈願して湾内をめぐる伴船の列＝能登町小木で

ニチモウ株式会社

おいでの春 五

七尾青柏祭《せいはく》（七尾市《ななお》）

巨大な山車《だし》が行く

「♪ハァー　七尾五月の三日には　町に三基の巨車《でか》が出る　末ひろがりの開き山　日本一の巨車が出る」
（新民謡・七尾まつり節）

能登路の晩春を彩る大祭は、巨大な山車《だし》が七尾の市街地を練り回る青柏祭《せいはく》。祭りの名は青い柏《かしわ》の葉に神饌《しんせん》を盛ったことに由来するが、地元ではもっぱら「デカ山祭り」と呼んでいる。

上層の舞台に人形を飾ったデカ山は、五月三日の夜から四日にかけて、鍛冶町・府中町・魚町の順で曳《ひ》き出される。四日の日中には大地主《おおとこぬし》神社の境内に、三基の山車が集結して祭典が行われる。

高さ十二メートル、重さ二十トン、車輪の直径が二メートル。これぞ日本一のジャンボ山車で、祭りは国指定の重要無形文化財。後祭りの五日午後には、御祓川《みそぎ》にかかる仙対橋のほとりで、三基のデカ山の曳《ひ》き揃《ぞろ》えが見られる。山車が町の辻《つじ》にさしかかると、十数人の若者たちが大梃子《てこ》を使い、グルッと巨車の方向を変えるのも見ものだ。

およそ二百九十年前の享保二（一七一七）年。この祭りを詳しく見聞した森田盛昌という加賀藩士がいた。彼が残した『能州紀行』によれば、その折の車輪の長径は三尺（九十センチ）で、高さは七間（十三メートル）ぐらいと記されている。形は「船のごとく上にて廣《ひろ》く作たる物也《なり》」とあり、運行の様子は「地をきしる車の音、太鼓に鉦《かね》を打交《うちまじえ》て、木やり音頭立ならび」とみえる。山車は藤《ふじ》の綱を三百人ほどで曳《ひ》いていたことも書かれている。車輪の直径は現在の半分ほどだが、山車の概観や規模はほとんど現状と変わっていないことが分かる。

風薫る五月の空の下。能登の都・七尾の街中に曳き出される巨大な山車。素朴で豪放な姿や形が、七尾の歴史と町衆の心意気をそっくり物語っている。海によって開かれた七尾の町。末広がりのいやさかを願う町衆の心意気。巨大な山車は、地域の発展を願う住民連帯のシンボルなのだ。

日本一巨大な山車が町中を練る青柏祭
＝七尾市街地で

平成九年五月吉日
寄贈
みかど会
鍛冶町

夏祭秋礼 一

灯《と》籠《ろ》山《やま》祭り（珠洲《すず》市）

闇《やみ》に浮かぶ連帯の華

闇夜《やみよ》を照らす灯籠《とうろう》は、祭礼の夜を彩る華である。海山の幸とともに厳粛に神に捧《ささ》げた奉灯も、中世から近世に移る中、全国各地で技巧をこらした郷土色豊かな風流《ふりゅう》灯籠の誕生をみた。その軌跡は今も能登半島から東北地方の沿岸地域に、光の帯となって残っている。

青森のネブタや秋田の竿灯《かんとう》、富山の夜高《よたか》やタテモン、能登のキリコなどだ。角形行灯《あんどん》のキリコが多く出御《しゅつぎょ》する、能登の祭りの中には、能登町鵜川のニワカや小木の袖キリコなど、粋《いき》な雲形灯籠も残っている。

極めつけは珠洲《すず》市飯田の「灯《と》籠山《ろやま》」である。「ヤーハエ　春日神社のお涼みまつり…」と唄《うた》うきゃらげ（曳山唄）や笛太鼓に合わせ、いちゃけ（＝かわいい）な子供らの声が飛び交う飯田の夏祭りは、七月二十～二十一日に行われる。高さ十六メートルの灯籠山と華麗な山車《だし》が出るところから、灯籠山祭りとか曳山《ひきやま》祭り、あるいはオスズミ（納涼）祭りと呼ばれる。漆塗りに金箔《きんぱく》を施した唐破風《からはふ》入り母屋二層の豪奢《ごうしゃ》な山車が、行列で若山川河口の吾妻橋にならぶ光景は、雅《みやび》やかで壮観そのものだ。

私たちは人口の減少地域を「過疎地」と気やすく口にするが、飯田の曳山をはじめ能登各地の多彩な祭礼を見ていると、なにか矛盾を感じてならない。能登の潜在力は、過疎どころか濃密と言いたいぐらいだ。

電線が架けられる大正四（一九一五）年以前は、各町内が競って灯籠山を曳き出した。台車上に長方形や四角形の紙張りの枠を積み上げ、その上に竹でかたどった紙張りの大きな人形灯籠を載せ、飯田の町筋を巡行した。

神祭りを中心に始まった地域祭礼は、風流化の波紋を広げながら、都市に限らず地方においても地域連帯の絆《きずな》としての役割が強まった。夜の街に浮かび、いかんなく神秘感を漂わす灯籠山が、電灯導入の架線で運行ができなくなった。その後、飯田町衆の風流心は、優雅な山車づくりへと向けられた。不易《ふえき》の神事に流行の風流はワンセットなのだ。

打ち上げ花火の下に浮かぶ華麗な山車とジャンボな灯籠山＝珠洲市飯田町で

夏祭秋礼 ㊁

名舟《なぶね》御陣乗《ごじんじょ》太鼓（輪島市）

和太鼓ブームを先駆ける

夜叉《やしゃ》に幽霊、海坊主に鬼。奇怪な面を被《かぶ》った男たちが、時折うめき声を発して見得を切り、狂おしいまでに激しく打ち回る。かがり火に物の怪《け》があやしく揺れる―夏の夜。

七月三十一日。輪島市名舟町の白山神社宵宮の呼びものは、大観衆を沸かせる御陣乗《ごじんじょ》太鼓である。夜のとばりが降りれば、海の名舟に活気がみなぎり、にわかに賑《にぎ》わいをみせる。

ドドーンと花火の大輪が夜空を彩れば、数基のキリコを従えた神輿《みこし》が浜辺にお旅する。神主と祭礼役員らを乗せた舟に神輿を移し、海中に立つ鳥居の下へ進み、沖の舳倉島《へぐらじま》から神を迎える祝詞《のりと》をあげる。御陣乗太鼓は、待ち焦がれた奥津姫に捧《ささ》げる神事太鼓である。

かつて名舟衆は、奥津姫を奉る舳倉島と七ツ島を領していた。島々を拠点に、豊饒《ほうじょう》の海から恵みのアワビや海草類、大物海獣のトドなどの狩猟を専《もっぱ》らとしていたようだ。いつのころか、高州山の裾《すそ》が海にせまる外浦の地に生活拠点をもち、主漁従農から半農半漁の集落　を形成したのだろう。

藩政期には後に筑前（福岡県）から来た海士《あま》衆一統と、島の漁場を激しく競り合った。

やがて島々の漁場支配は狩猟を専業とする海士衆に押され、名舟衆は舳倉島から後退し、七ツ島で鉄砲によるトド狩猟に転じた。最盛期は三百八十二頭を捕獲し、多量の油や皮や肉の恵みを受けた。しかし、その後は衰退の道をたどり、苦肉の果ては明治三十四（一九〇〇）年に島をそっくり売却することで長年の決着をみた。

島の地籍は海士町《あままち》に移ったが、祭礼には古《いにしえ》より崇拝する奥津姫神を招いて行うのを習わしとした。姫君の巡行には仮面をつけた男たちが山車に乗り、腕も折れよと太鼓を打ち鳴らし、邪気を祓《はら》って先導を務めてきた。これが御陣乗太鼓の原型と言えるだろう。

世はまさに和太鼓ブーム。その先駆け役を務めたのも名舟の太鼓だ。御陣乗太鼓は、奥津姫を慕《した》う海の男たちの熱い遺伝子がかきたてる、魂をゆさぶる波涛《はとう》の太鼓である。

無事大祭を終え、女神を舳倉島へ送るために鳥居下へ寄せる神輿舟＝輪島市名舟町で

夏祭秋礼 三

皆月《みなづき》の山王祭り（輪島市）

茜《あかね》空に風流灯籠《ふりゅうとうろう》

　白いシャツに白ズボン。行き交う響きは太鼓と鉦《かね》。脚絆《きゃはん》を巻いた若者らの「エンヤー」の掛け声で山車《だし》が曳《ひ》き出される、五色の吹き流しを立てた涼しげなその風情。

　輪島市門前町皆月の日吉神社山王祭りは、例年八月十～十一日に行われる。皆月湾を前に、ゆるやかな半円状に開かれた集落は、平成十九（二〇〇七）年春に起きた能登地震の震源地近く。七浦《しつら》地域の中心地で、藩政時代には藩御用肴の名物「刺鯖《さしさば》」で知られた所。その刺鯖も今は幻の特産品となっている。

　山王祭りの呼びものは、神輿《みこし》とともに巡行する船形イメージのある華麗な山車と馬駆《うまがけ》神事。夕べには奉納者の名を記した五色の吹き流しを立てた山車が、海辺の町をゆるりゆるりと巡行する。以前は、砂浜の上に長板を先送りしながら渡して曳《ひ》いていた。

　暑さともども夏の陽《ひ》が水平線に沈めば、沖空はしばらく茜《あかね》を残し、やがて夕闇《ゆうやみ》が迫る。山車に付けたおびただしい数の提灯《ちょうちん》に、次々と灯《ひ》がともされる。すると、あたりの趣《おもむき》は一変する。思わず合掌したくなる。闇夜《やみよ》に浮かぶ幽玄な風流《ふりゅう》灯籠《とうろう》は、この地にもおよんだことが分かる。かつて海の時代に栄えた繁栄の残り香が、宵山《よいやま》に見え隠れするのだ。

　山車が仮屋に入って夜八時を回るころ、祭りの見物衆がにわかに膨《ふく》らみ始める。お目当ては馬駆《うまがけ》神事である。神酒

を入れ、飾りたてた一頭の馬が、仮屋と鳥居の間の参道を三回にわたって駆け抜ける。その折、参道両側に詰めかけた氏子らが、われ先と疾走《しっそう》する馬の腹や背を叩《たた》く。馬に触れると厄《やく》落としができると、土地に長く伝えられてきた。

皆月では地震禍《か》の年も、祭りを執行した。祭りを行うことで諸々の災厄《さいやく》を祓《はら》い、地域連帯の絆《きずな》を強めよう…という思いが込められているのに違いない。祭りが地域蘇生《そせい》の最良の手だてであることを、経験的に会得《えとく》しているのだろう。祭りは摩訶《まか》不思議な力を宿しているものである。

夕闇に包まれると灯がともされる美しい皆月の山車＝輪島市門前町で

夏祭秋礼 四

お熊甲祭り《くまかぶと》(七尾市)

深紅《しんく》の幟旗《のぼり》舞う

長大な真紅《しんく》の幟旗《のぼり》が、イヤサカサーと秋空に舞う。能登を代表する秋祭り「お熊甲祭り《くまかぶと》」は、七尾市中島町の熊木の郷で九月二十日に行われる。威勢のいい掛け声。はやしたてる太鼓と鉦《かね》の音。それに合わせて華麗な衣装をまとった猿田彦が、手ふり足ふり跳ねながら踊る。ひょうきんなその仕草《しぐさ》さえも、稔《みの》りの秋を讃《たた》えているかのようだ。

前夜に本社から迎えた御幣を奉じて、朝から十九の末社で神輿《みこし》を担《かつ》ぎ出す。地元に伝わる「お熊甲は大幡小幡、十九神《み》輿《こし》の鉦太鼓」とか「お熊甲の太鼓を聞けば、足がひょいひょいしてならぬ」の俗謡そのままに、おおらかな祭り絵巻が繰り広げられる。

本社の「久麻加夫都阿良加《くまかぶとあらか》志比古《しひこ》神社」の名も長いが、いずれも高さが二十メートル前後という枠旗《わくばた》も長大だ。各社の神輿が猿田彦を先導に、枠旗を従え、沿道に瑞気《ずいき》を振りまきながら本社へと向かう。鳥居の前や境内に詰め掛けた多くの観衆は、エキゾチックで色彩豊かなこの祭りの雰囲気に呑《の》み込まれ、圧倒され、興奮の色を隠さない。

すべての神輿一団が境内に集結すれば、本社で祭典が開かれる。その間、境内のあちらこちらで家族が車座になり、開けた重箱を囲んで早い昼餉《ひるげ》を楽しむ。留守は猫だけ…といわれるように、老いも若きも、男も女も、この日ばかりは誰もが祭り人なのだ。

正午を回れば七百メートルほど離れた熊木川ほとりの加茂原へ。本社の神輿に続き、各社の神輿や枠旗が順次お旅に出る。お旅所では枠旗が激しく練り、クライマックスを迎える。二十基の神輿が勢揃《せいぞろ》いする前で、幟を地面すれすれに倒したり、秋空に引き戻したりする「島田くずし」も行われる。各社の男たちによる甲斐性を競うパフォーマンスである。

祭りを初めて観《み》たのは三十年前のこと。のどかな風景の中に頭を垂れた稲穂や稲架木《はさ》があった。夕陽《ひ》に映える金色の神輿群に、聳《そび》える真紅の幟旗の列。私は仰天しながら、能登が豊かな祭りの国であることを実感した。

お旅所に集結した後「島田くずし」で稔りの秋を謳歌する＝七尾市中島町の加茂原で

瑞雲満山國

夏祭秋礼 五

能登の獅子舞

地域の誇り 勇壮な舞

あつい信仰心に支えられ、春秋の祭礼に巡回する獅子舞は、地域人にとっては楽しみな娯楽だ。恐ろしい形相《ぎょうそう》の割には憎めない獅子一団が、独特のリズムと所作を伴って、家から家へと集落内を舞い巡る。

能登では春祭りよりも、九月から十月の秋祭りに獅子舞が出るところが多い。祭りの形態を分布的にみると、キリコ祭りが濃密な奥能登に対し、口《くち》能登《のと》では獅子舞が圧倒的に多い。少子高齢化で獅子舞ができなくなった地域も少なくないが、それでも現在、能登では二百数十カ所の地域で継承されている。その八割が口能登地域に集中している。

大獅子の多いことで知られる加賀地区に対し、能登では小ぶりなものが主流である。勇壮感の漂う加賀獅子に対して、総じて能登では優しい踊り舞が特色といえる。獅子の大きさも演舞の様相も、地域によってかなり相違がある。それは能登の獅子舞が、いかに多様多彩であるかの証《あかし》といえるだろう。

山方で富山県氷見《ひみ》市につながる国道415号の羽咋《はくい》市菅池・神子原《みこはら》・千石・福水の各集落では、越中系の獅子が見られる。頭は大きく重たい。国境集落の菅池の獅子頭は近在一の大きさを誇り、隣の神子原では勇壮な獅子殺しの演目も披露される。平地部では能登獅子が大勢だが、羽咋市太田地区では八十年ほど前に、宝《ほう》達志《だつし》水町《みずちょう》の所司原から習い受けた越中系の獅子舞が、日吉神社の秋祭りに出御《しゅつぎょ》する。頭持ちが途中で交代しながら、勇壮な大獅子が激しく舞って観衆を魅了する。

どこでもそうだが、獅子舞の継承を内側から支えているのは、地域人の思い入れの深さである。数人が入るカヤ(胴体)内の若者。獅子に対応して演舞する天狗《てんぐ》。舞を盛り上げる囃《はや》し方。地域の明日を背負ってたつ、若い人たちに注がれる熱い眼差《まなざ》しなのだ。演技の稽《けい》古《こ》に励む子供らの親が「わがことのように力が入る」とよく言う。祭りとは、よくよく不思議なパワーを内在させているものだ。

越中系の勇壮な獅子舞が見られる太田の獅子舞＝羽咋市太田で

のとキリシマツツジ ㊀

能登の天花《てんか》（赤崎＝輪島市）

藩主上覧《じょうらん》の赤崎ツツジ

これは、なんとみごとな花よ…。能登空港の開港に先立つ百五十年前。嘉永六（一八五三）年四月十日（旧暦）のことである。加賀藩十三代藩主の前田斉泰《なりやす》は、雨に濡れていちだんと朱赤が輝く満開のキリシマツツジを前に、感嘆しきりの体《てい》だった。

百万石藩主のキリシマ観賞は、七百人の供人《ともびと》を連れ、二十二日間におよぶ能登巡見のさなかに行われた。金沢城を発って七日目。前夜泊まった大沢村（輪島市大沢）から輪島へ向かう道すがら、赤崎村の百姓久左衛門の庭に床几《しょうぎ》して、今が盛りと咲き誇るツツジをご覧になられた。時は幕末。加賀藩はひどい財政危機に陥っていたが、巡見さなかのキリシマ観賞は予定の行動だった。巡見前に作成した能州海岸巡見路徑詳細には「御腰掛」と記され、さらに「久左衛門と申す者家の前にキリシマの大木御座候《ござそうろう》」との添え書きがある。巡見前から藩主が、能登の名花との出合いを楽しみにしていたことは明らかである。

赤崎ツツジは、小坂家の先祖にあたる七代目久左衛門が、後亀山天皇の御世《みよ》（十四世紀末）に日向《ひゅうが》の国（宮崎県）から持ち帰ったとの伝承がある。上覧時のツツジは樹高八メートル、枝張り十三メートルいう巨樹で、ほぼ満開状態だった。その折の様子を、緋縮緬《ひぢりめん》の山のごときツツジをご覧になられ、大殿はたいそうご賞美された…と、随行人が記している。

伝承と往時の記事をもとに推定すると、樹齢五百～六百年の大木だったとみられる。一樹に数万の小花をつけ、凛《りん》と真っ赤に咲き誇る名花に魅せられた殿の顔が目に浮かぶ。領国の能登を巡った藩主は、後にも先にも斉泰のみである。魅せ時の短いキリシマツツジを、二百数十年ぶりに能登入りした藩主が上覧できたのは、奇跡的確率といえるだろう。

　今、小坂家は他郷へ移り、往時の物語を秘める空き庭には、衰えたキリシマの株がひっそりと御休跡の石碑とともに残っている。

藩主がめでた赤崎のキリシマツツジ　＝輪島市で

祭　花　景　冬　史

のとキリシマツツジ 二

大谷ツツジ（池上家＝珠洲市《すず》）
緋《ひ》縮《ぢり》緬《めん》の小山のよう

「♪ヤーエイ　能登のキリシマ愛の花　潮路《しおじ》を越えた旅の花　手塩育てたわが子のように　明日の希望を秘めて咲く…」（能登キリシマ節）

蓄えたすべてのエネルギーを出し切って五月の空に真っ赤に花開くキリシマツツジ。その容姿は、まさに「能登の天花」と呼ぶにふさわしい。能登には百年以上の星霜《せいそう》を経たキリシマの古木が、判明しているだけでも優に百本を超える。その多くを、この十年間に当劇場写真家の渋谷利雄がカメラに納めてきた。

数ある古樹の中で、珠洲市《すず》大谷町の山間部・池上宝蔵さん宅の裏庭には、樹齢三百五十年もあろうかという、みごとなキリシマの名木がある。

最盛期の花の威容は、かつて百万石の藩主が輪島近くの赤崎村で見た折の「緋縮緬《ひぢりめん》の山のごとき…」という表現がピッタリだ。平成十六（二〇〇四）年の五月には、石川県知事の谷本正憲さんがこの地を訪ね、朱赤にもえる能登の天花を観賞した。谷本さんは折々に「能登は豊かだ」とおっしゃるが、人々の生活が常に自然と共生していることを讃《たた》えての言葉だろう。他県で生まれ、日本各地をつぶさに見てこられた知事なので、誰よりも能登の豊かさを肌で感じているにちがいない。

池上家のツツジは、明治維新前後に先祖が宇出津《うしつ》港の近在にあった三本の大木を譲り受け、船で運び、大谷浦から六人の

人足を雇って自家まで運んだもの。祖父の鶴之助さんから父・由太郎さん、そして傘寿《さんじゅ》を過ぎてもお元気な現当主の宝蔵さんがリレーして、百三十余年もの歳月を丹精して育《はぐく》んできた。

キリシマツツジは子育てと同じで、慈《いつく》しみと愛情を込めた手入れが欠かせない。しんしんと雪が降る夜は灯を樹幹に向けて見守り、夜中に何度も外に出て雪を払ったという。

「先祖がこの地に移した古木の世話も大変ですが、私たちがこうして達者で暮らせるのも、キリシマツツジのお陰なんです」。老夫妻の笑顔が、天花のように優しい。

樹齢350年。世代を超えて育ててきた池上家のキリシマツツジ＝珠洲市大谷町で

祭　花　景　冬　史

のとキリシマツツジ ㊂

キリシマ前線（昔農家《せきのけ》＝宝達志水町《ほうだつしみずちょう》）

海辺から山間へ一気

日本列島を南から北へとかけ上がるサクラ前線はおなじみだが、能登で近年注目されているのはキリシマ前線。四月下旬から五月上旬にかけて南から北へ、低地から高地へ、半島を真っ赤に染めて一気に駆け上がる。

能登南部の宝達志水町《ほうだつしみずちょう》に、加賀藩祖の前田利家ゆかりの菅原地区がある。菅原天満宮の近くには重厚な佇《たたず》まいをみせる昔農家《せきのけ》があり、奥庭には樹齢二百年ほどのキリシマツツジがある。四月下旬には塀《へい》の上から赤い顔をほころばせ、通りに風情をそえる。同家の開花が能登キリシマ前線の先駆けとなる。

「父は三十二歳で戦死し、兄も姉も早く他界しました。ですから母は私に長生きしてほしいと、千鶴子と名付けたのでしょう」。短い花の命と家族の運命の偶然を、昔農家の夫人がさらりと笑顔で話された。

藩政期に植えられたキリシマを、しばしば旧家の奥庭で見かける。春を謳歌《おうか》して咲き誇るツツジが、なぜ人目につかない奥庭にあるのか？　と疑問を抱く人も少なくない。泰然《たいぜん》自若《じじゃく》の構えをもつ昔農家の前に立った時、私は奥庭のいちばん奥まったところにあるのでは？　と予感が走った。結果はその通りで、奥座敷に最も近い位置に植えられていた。

土までやさしい…と譬《たと》えられる能登人の気質が、キリシマの花にそのまま映し出されている。厳しい年貢《ねんぐ》の皆済《かいざい》を求め

られた藩政期には、観賞用の花木をこれみよがしに前庭に植えることには百姓衆が憚《はばか》った。

丹精して育てたキリシマツツジは、家の誇りであり宝である。外から帰った野良着《のらぎ》のままで、咲き誇るキリシマツツジを、夕闇《やみ》に覆われるまで眺め続けた人もいたという。のとキリシマは、静かに愛《め》でる花なのだ。

能登南部から開花したキリシマ前線は、日を追って南から北へ、海辺から山間へと一気に走り抜ける。五月の連休後、前線のしんがり役を務めるのは、石川県天然記念物の珠洲《すず》市大谷町の池上家ツツジである。

奥庭で咲く昔農家のキリシマツツジ。能登でいちばん早く咲く=宝達志水町菅原で

祭　花　景　冬　史

のとキリシマツツジ　四

思いの丈《たけ》に花は咲く（芦田家＝能登町）
真っ赤にもえて手入れ

一重咲きもあれば二重もある。色は紅系が多いが紫系もある。花の命は短くも、手間ひまかける時間は長い。魅せ時は開花から十日ほどで、最盛期は四〜五日と短い。花が散ってから翌年の花時まで、家人は古木から目を離せない。たぐい稀《まれ》な美しい花を咲かせる陰には、日ごろからの手入れが欠かせない。花は 育てる人の思いの丈《たけ》に咲くからだ。

唯一「のと」を冠称するキリシマの花は、往古、九州から潮《しお》路《じ》を越えて能登に根付いたといわれる。贅沢《ぜいたく》や派手を慎む気風の強い能登にあって、あえて観賞目的の花木を代々の家人たちが思いを継いで育《はぐく》んできた。

能登の天花は旅の花、愛の花、そして名実ともに能登を代表する花である。平成十九（二〇〇七）年五月「能登はひとつ」を合言葉に、広域観光をすすめる能登半島広域観光協会により、行政域の垣根を外《はず》して、のとキリシマツツジを「能登の花」に制定した。

キリシマを育てる喜びと苦労話は、花木の数ほどある。花後の剪定《せんてい》、晩秋の雪吊《つ》り、冬の雪囲い、春の施肥《せひ》…と、家人らの思い入れには余念がない。能登町柳田に住む梅晴夫さんは、キリシマにとりつかれた人である。

子息に会社の経営を譲った後は、衰えたキリシマを保持する人々の相談相手になり、これまでに多くの萎《な》えた花木を甦《よみがえ》らせてきた。仲間うちでは「キ

リシマの名外科医」と呼んでいる。能登の大地が、キリシマツツジで真っ赤に染まる日を待望する梅さんの風貌《ふうぼう》は、すでに菩《ぼ》薩《さつ》の顔そのものである。

平成能登起こしの一役を担《にな》おうと、広域にまたがる「のとキリシマツツジ連絡協議会」が組織されている。世話役にあたる能登町の宮本康一さんや、珠洲《すず》市の桜井信義さんらの、多くの愛好家グループが、花の色に負けじと真っ赤にもえて地道な活動を続けている。

藩政期以来、民家の庭に息をひそめていた能登の天花が、いま能登から全国に向けて飛び立ち、咲き匂《にお》う時代が到来したのだ。

家族のように手塩にかけ、丹精して咲かせた芦田喜作家ののとキリシマ
＝能登町中斉で

のとキリシマツツジ（桜井家）

花の祈り 一

白藤（明専寺＝宝達志水町《ほうだつしみずちょう》）

人には愛、寺には花

めぐり来る時を迎えて、折々に咲く季節の花たち。春はコブシ、桃、桜、山吹、藤、石楠花《しゃくなげ》、ツツジ。夏は紫陽花《あじさい》、花菖蒲《はなしょうぶ》、蓮《はす》、百日紅《さるすべり》。秋が来ればコスモス、萩《はぎ》、彼岸花《ひがんばな》、そして紅葉する楓《かえで》や銀杏《いちょう》。冬には水仙や椿《つばき》、紅白の梅などが春待ち顔で微笑《ほほえ》む。それらの花たちが、最も美しい姿を見せてくれる劇場の舞台が、寺院の境内である。

能登は石川県土の半分近くを占めるが、人口は二割足らずの二十二万人。そこには真宗をはじめ曹洞宗、真言宗、日蓮宗などの寺院が六百近くある。そのほとんどが中小寺院で、本山などの大寺院は数えるほどしかない。全国に知られる名刹《めいさつ》と言っても、曹洞宗大本山の總持寺《そうじじ》祖院と、美しい五重の塔で知られる日蓮宗本山の妙成寺《みょうじょうじ》ぐらいだ。

大半が中小規模の寺院だが、私はそこに強く惹《ひ》かれる者の一人である。奈良や京都、鎌倉などの名刹《めいさつ》がひしめく古都寺院とは違った風情があり、今後の可能性を秘めているからだ。ふだん人が入らない寺院裏に回れば、伽藍《がらん》の傷みもひどく、柱の傾いている寺も少なくない。檀家《だんか》の少ない小寺院では、維持管理さえ難しいというのが本音だろう。

見方を変えれば、権力や奢《おご》りの影も無いのだから、これからの時代に叶《かな》う寺の姿をまっさらな紙に描くことだってできる。伝統的な建築伽藍、花が微笑む境内、そして祈りが三位一体になった空間にこそ、寛《くつろ》ぎや癒やしの清気が充満するのだ。そんな寺院が今、待望されているのではないか。

能登は真宗王国というよりも、諸仏と八百万《やおよろず》の神と先祖様が、身近な自然の中で仲良く共存している「日本の原郷」と言うべきだ。IT技術の発展がめざましい今日、最も欠乏しているのは人には愛、寺には花だろう。花木に包まれた寺づくりに、早くから目を向けている僧侶も少なくない。宝《ほう》達志水町《だつしみずちょう》明専寺住職の菅薫秀僧正もそのお一人である。境内の樹花《きょうか》そのものが、仏であり供花なのだ。

初夏の庭に老巨木がみごとな花を咲かせる
明専寺の白藤＝宝達志水町菅原で

祭　花　景　冬　史

花の祈り㊁

石楠花《しゃくなげ》（天王寺＝輪島市）

5月上旬、境内一面に開花

奥能登丘陵の谷間を、ゆるやかに蛇行《だこう》して流れる町野川。流長二十キロメートルほどの河川だが、能登ではいちばんの大川である。源を高洲山《こうしゅうざん》の南に発し、いくつかの支流を合わせ、流域の田畑を潤《うるお》しながら外浦にそそぐ。その川筋に沿うように集落が散在し、付近には名所や旧跡が多い。

この流域で注目すべきことは、寺宝の文化財や境内環境に恵まれた高野山真言宗寺院が多いことだ。それらの寺院の中から、私なりの視点で七カ寺を選んでみた。これらの寺を巡る「町野川流域七カ寺巡り」を折々に案内している。

七カ寺は、河口の国指定名勝天然記念物の曽々木海岸から、一番が岩倉寺、二番高田寺、三番金蔵寺、四番天王寺、五番法華寺、六番長福寺、七番結願は平等寺。

岩倉寺は古《いにしえ》より観音信仰の寺で知られ、近年は山菜料理も評判だ。高田寺は両時国家《ときくにけ》の菩提《ぼだい》寺で、本尊は珍しい毘沙《びしゃ》門天《もんてん》。藤原時代に作られた木彫釈迦《しゃか》三尊像は石川県の有形文化財。金蔵寺境内にはタブノキの巨樹が聳《そび》え、折々にキリシマツツジやサザンカが季節を彩《いろど》る。近郷きっての名刹《めいさつ》である。

五月上旬に、境内一面にみごとな石楠花《しゃくなげ》を咲かせるのは天王寺。重要文化財の不動明王を安置するのは法華寺。古像の阿弥陀如来を本尊として、境内につづく広い畑では五月中旬に可憐なブルーベリーの花が咲き、七月には紫の実が結ぶ長福寺。結びは十三仏とあじさい寺の平等寺。

これらの真言密教七カ寺巡りの近辺には、曽々木海岸や時国家など、国の名勝や史跡も数多い。また金蔵集落をはじめ、心なごむ里山風情にも随所で出合える。流域には能登町柳田の国民宿舎「やなぎだ荘」があり、いつでも大きな温泉風呂の入浴が楽しめる。

私はこの道を「奥能登・祈りの細道」と名付けている。願わくば関係寺院の住職方を中心に、七カ寺巡りのネットワークを構築してほしい。渇いた現代人が求めているのは、知られざるこころの旅路・祈りの回廊なのだ。

高野山ゆかりの石楠花が、境内一面に咲き誇る天王寺＝輪島市町野町で

祭　花　景　冬　史

花の祈り 三

紫陽花《あじさい》（平等寺＝能登町）

十三仏と花の寺

奥能登のほぼ真ん中。能登有料道路から珠洲《すず》道路に入り、空港を右に見て十五分ほど車で走れば、近年「能登のあじさい寺」として親しまれる平等寺に着く。六月下旬から七月中旬にかけ、百五十種・四千株の紫陽花《あじさい》が、境内一面に咲き誇る名所寺院である。

「誰も知らない、由緒《ゆいしょ》もない、檀家《だんか》も少ない寺でしたが、檀家さんや皆さんのおかげで、なんとかここまでやって来ました」。笑顔で話す住職の上野弘道さんは、身体《からだ》は小柄だが成すことはでかい。数年前まで、長年教職と住職の二足の草鞋《わらじ》を履《は》いて寺院を整備してきた。

鐘楼《しょうろう》横から御堂裏の山の中腹まで続くあじさい探勝路を整備し、随所に十三仏をお祀《まつ》りした。庫裡《くり》から始めた伽藍《がらん》整備は、平成十一（一九九九）年の夏までに山門と鐘楼を完成させ、十八年五月には新設の位牌《いはい》堂を納めた本堂改修もひとまず終えた。

近年は紫陽花の他に、春を彩る紅白の梅や椿《つばき》、桃、そして数種類の桜を植え、さらに真夏に真っ赤に咲く百日紅《さるすべり》もせっせと植栽してきた。今では春から晩夏まで、色とりどりの花が迎えてくれる寺院になった。

弘法大師の「生かせいのち」の教えを、住職自らが実践し、寺を訪れる人々にも呼びかけている。平成十六年からは、終戦記念日で盂蘭盆《うらぼん》の八月十五日の夜に、近郷の方々から献じられた数百の灯籠《とうろう》をともす「万《まん》灯会《とうえ》」も始めた。闇夜《やみよ》にゆらめく灯籠には、献じた人々の切実な願いがこめられている。

近年、住職は請われて高野山真言宗の宗会議員に就任した。かつて教職との二足の草《わら》鞋《じ》で護寺してきたが、現在は地方に生きる僧侶として、宗門全体の運営に関わる役割を担《にな》っている。地方寺院の代表者として、実践僧侶の立場で宗門の発展にきっと尽力されることだろう。いま求められている僧侶像とは、住職のような方なのだ。花を咲かせて灯を奉《ほう》ずる上野さんを、私は「平成の能登の空海さん」と、心服している一人である。

4千株の紫陽花がほほえむ探勝路に十三仏が祀られている平等寺＝能登町寺分で

紫陽花や十三仏

祭　花　景　冬　史

岬の春 一

水仙（禄剛埼《ろっこうざき》灯台＝珠洲《すず》市）

最果ての灯台　海遥《はる》か

東西に比べて南北が極端に長い石川県。南に鎮《しず》まるのは加賀白山。その霊峰に対峙《たいじ》する臨海の鎮めは、半島の舳先《へさき》が日本海に躍りこむ北の果て…。珠洲《すず》の岬・禄剛崎《ろっこうざき》。

能登路の春は北の岬《みさき》からやってくる。県南の白山麓《ろく》がまだ雪に覆われていても、最北端の禄剛崎に雪を見るのは稀《まれ》である。

「♪ふと　ふり返る　岬の
道に　光るみどり葉　赤い花
あなたが好きです　わたし
あなたを恋しています　春呼
ぶ花は　千年椿《つばき》　さいはて岬
禄剛崎」（能登の恋歌）

早春になれば、岬周辺に多くみられるヤブツバキの鮮やかな紅の花が、艶《つや》やかなみどり葉の中で静かに微笑《ほほえ》む。禄剛埼灯台が立つ園地には、暖地で見られる白や淡黄色の水仙が勝手きままに咲き群がり、ヤブツバキとともに奥能登に春の訪れを静かに告げる。

遥《はる》かな昔。南国から潮路《しおじ》を越えて、ヤブツバキやタブノキなどの照葉樹がこの地に根をおろした。今も原生種が能北地域で多く見られるのは、対馬海流がいかに巨大な熱量を半島に運んでいるかを証明するものだろう。

昭和三十年代の半ば。当時東京に住んでいた私は、地図を広げて時刻表とにらめっこしながら、能登最果ての岬に立ってみたい衝動にかられていた。念願が叶《かな》ったのは、数年後の昭和四十三（一九六八）年の夏だった。

灯台の下に立って水平線に目をやると、遥《はる》か彼方《かなた》に佐渡島がうっすらと浮かんでいた。

その日、禄剛崎にはリュックを背にする何人もの若い旅人の姿があった。そこは地図を眺めてイメージしていた寂しい陸の涯《はて》ではなかったが、日本海中央に大きく突き出た半島の突端に、今まさに立っていることの実感をかみしめた記憶が、鮮やかに甦《よみがえ》ってくる。

あれから四十余年の歳月が流れた。最果てにはどんな磁石が埋もれているのか。旅人の脚は磁力に導かれるままに、半島の先へ先へと誘われる。陸の涯《はて》の先には茫洋《ぼうよう》と海が横たわるだけだが、熱い思いがこみ上げてくる。

明治16年にフランス人の設計で建てられた禄剛埼灯台。昭和38年に機器自動化により無人となった＝珠洲市狼煙町で

岬の春 二

雪割草（猿山岬《さるやまみさき》＝輪島市）

春分の日前後、一斉に開花

春浅い猿山岬《さるやまみさき》。厳しい冬の風雪に耐え、ねじれ曲がった木々たちが、急斜面の崖《がけ》に茶色の肌を見せて寒々と広がる。標高三三三メートルの猿山が、海になだれこむ能登最後の秘境である。平成十九（二〇〇七）年春に襲った能登半島地震の震源地に、最も近い所に位置している。

藩政後期から明治初期には、大きな帆《ほ》を孕《はら》ませた北前船が日本海を繁《しげ》く往来した。山塊が海にせり出した猿山岬の沖は、風と潮が変わりやすく、能登沖の難所と畏《おそ》れられた。この沖で時化《しけ》に遭った時は、船人たちはひたすら金比羅様に祈ったという。

雪が消えると、岬《みさき》に群生する雪割草が一斉に開花し、奥能登に春の到来を告げる。当地の雪割草はオオミスミソウに属し、猿山岬では白、桃、紅のほかに紫色もみられる。群生は日本一ともいわれ、愛らしい小花が競って咲くのは春分の日前後。陸の涯《はて》なる岬には、不思議な出会いが待っているものだ。さもしい人生を過ごしてきた私でさえも、日本各地の岬でいろいろな出会いがあった。

能登に住みつく前の三年半、国内で旅生活をおくっていた。能登に入る直前には、北海道の積丹岬《しゃこたんみさき》から宗谷岬《そうやみさき》、納沙布岬《のさっぷみさき》、襟裳《えりも》岬《みさき》からチキウ岬などを巡り歩いた。どこの岬でも出会いがあった。宗谷岬の石碑の下で、ひとり旅の男性に出会った。富山県高岡市からみえた藤平という人だった。ひととき同姓の出会いの奇遇を分かち合った。

積丹岬には旅人の影はなく、澄んだ青い目の男の子に出会った。交わす言葉も少なかったが、なぜ美しい青い瞳《ひとみ》なのだろうかと疑問を抱いた。能天気な私は毎日真っ青な海を眺《なが》めているからだろう…と、勝手な推理をした。

初めて猿山岬を訪れたのは昭和四十三（一九六八）年の七月三日。二百メートルの絶壁に立つ岬灯台には、他に訪れる人もなかった。その日、数々の偶然が重なり、翌春から能登に住むことになった。猿山岬は、私にとっては能登との縁を結んでくれた無二の出会い岬である。

3月下旬には色とりどりの雪割草が群れ咲く猿山岬＝輪島市門前町で

桜のある風景 一

桜トンネル（能登鹿島駅＝穴水町《あなみずまち》）

鉄路の盛衰語る老樹

　駅も名物の桜もすっかり年老いた。桜トンネルとか能登さくら駅と親しまれてきた、穴水町の能登鹿島駅。旧国鉄時代には大いに賑《にぎ》わい華やいだが、JRから、のと鉄道へと経営母体が移るにつれて衰えてきたのは否《いな》めない。だからこそ、往時を知る沿線の人々は郷愁への思いにかられるのだろう。

　駅は能登を舞台にした『幻の光』など、多くの作品を手がけてきた芥川賞作家・宮本輝氏の短編小説『駅』の舞台にもなった。少しだけ紹介すると「プラットホームの裏に桜並木があるため、満開時、列車は桜の花のトンネルの中に入る格好になるのだった。無人駅なので、花見の季節には、プラットホームは、その多くが近郊の小都市から訪れた花見客の宴の場として陣取られる」と、みえる。

　昭和七（一九三二）年。駅近くに住む曾田五平さん（故人）が、国鉄七尾線開通の折、ホームの後方に五十センチほどのソメイヨシノの苗木を五十本ほど植えた。大きくなればきっと駅も名所になるだろう…と、願いをこめて植樹した。そんな思いが叶《かな》って桜トンネルになった。

　昭和三十年代に入り、大衆旅行時代の機運が高まるなか、菊田一夫氏の『忘却の花びら』や松本清張氏の『ゼロの焦点』などの作品が発表され、それらが追い風となって能登半島ブームを呼び起こした。

　四十年代には上野駅から乗り換えなしで、多くの旅行者

を乗せた急行夜行列車が輪島駅まで入った。まさに鉄道全盛時代を迎えていた。花が満開になる四月中旬ごろ、桜トンネルの下をSLが走った時代もある。予期せぬ光景に出合った旅行者は、身を乗り出してラッキーチャンスをカメラに納めるなどしたものだ。

　時流れて今、乗客は減り、桜も年々樹勢を弱めている。数年前、花の下で隣り合わせたお年寄りの言葉が忘れられない。「昔はゴトゴトゴトと、レールのきしむ音をよう聞いた。今はカターンカターンという音を、時折耳にするだけや。淋《さみ》しうなったわいね」

駅のホームを覆うように咲き誇る桜。「桜トンネル」の愛称で親しまれる＝穴水町の能登鹿島駅で

祭　**花**　景　冬　史

桜のある風景 二
天井川《てんじょうがわ》の桜（宝達志水町《ほうだつしみずちょう》）
通学路見守り爛漫《らんまん》と

小学校への道すがら、ピッカピカの一年生が上級生らとともに、川堤《せんてい》を彩《いろど》る桜並木の下を嬉《うれ》しげに通う。城址《じょうし》や名刹《めいさつ》の桜も風格が感じられて目を見張るが、さりげなく咲き匂《にお》う児童通学路の河畔《かはん》の桜もいいものだ。

宝達川は、能登最南端・最高峰の標高六三七メートルの宝達山《ほうだつさん》を源とする。長さ六キロメートルたらずの小さな川は、宝達、山崎、河原、門前、小川の各集落をぬけ、果ては藩政時代に米の積み出し港として栄えた米出《こめだし》集落にそそぐ。

桜並木のある付近は、たび重なる氾濫《はんらん》の繰り返しで砂礫《されき》がたまり、ところによっては川面が平地よりも十メートル近く高いところを流れている。桜の花の下を児童らが通い、その横を流れる宝達川の下のトンネル内を、地方主要道路が走っている。だから、地元ではここを「天井川の桜並木」と親しんで呼ぶ。

桜は日本を代表する花なので、全国各地に名所が存在する。能登では際立った桜の名所はないが、ソメイをはじめ枝垂《しだ》れや山桜、菊桜などが風情よく咲く光景を、各地で見ることができる。植樹するなら、とにもかくにも桜木をと、この二十〜三十年の間、各地の川堤や校庭にソメイヨシノ桜が多く植えられた。車で走れば分かるが、今では桜並木があちこちに誕生しているのである。

ところが、過疎化に加えて少子高齢化がいちだんと進む能登では、人影もまれな川堤や廃校の庭に、みごとな桜並木が年々増える一方だ。でも、それもいいではないか。桜にしてみれば、人に見られようと見られまいと、全く関係ないことだ。逆に、私たちは爛漫《らんまん》と咲き誇る花の下に佇《たたず》み、弾んだ声が校庭に響きわたった往時のことを思い起こしたり、懐かしがったりすることもできるのだ。

「♪あしたゆうべに雲なびく、見よ宝達の高き峰…」（宝達小学校歌）。児童たちが成長して都会に出たなら、きっと桜の下を通った情景が目に浮かんで来るだろう。美しい故郷の思い出は宝物なのだ。

河畔に咲く桜並木の下を通う宝達小学校の児童たち。流れは天井川＝宝達志水町で

タブノキは残った㊀

気多大社《けたたいしゃ》「入らずの森」（羽咋市《はくいし》）折口信夫《おりくちしのぶ》が思い寄せる

能登を象徴する最もふさわしい木は、タブノキである。ひとくちで説明するのは難しいが、能登に広く多く繁茂《はんも》していること、円冠状に広がる緑の樹相が冬も美しいこと、木に悠久の物語があること…などによる。

暖地性のタブ（椨）はヒマラヤから中国南部、日本では東北地方の海岸地域を北限とするクスノキ科の常緑広葉樹である。能登には幹周り三メートル以上の巨樹が、判《わか》っているだけでも百六十本を数える。中には幹周り（地上一・三メートル）が九メートルを超え、樹齢六百五十年といわれる太さ日本一の巨樹もある。

昭和二（一九二七）年六月。国文学者で歌人の折口信夫《おりくちしのぶ》（釈《しゃく》迢空《ちょうくう》）が学生を伴い、民俗探訪の旅で羽咋《はくい》市の気多大社《けたたいしゃ》を訪れた。社殿の背後を黒々としたタブやスタジイの古代の森が覆い、初めて訪問した藤井春《はる》洋《み》（後に折口の養子）の生家の庭にもタブが凛《りん》と聳《そび》えていた。

能登で出合ったタブノキや気多の社叢《しゃそう》が、古代研究に情熱を傾ける折口の感受性を大きく揺さぶったようだ。南の国から海流に乗って寄りついた私たちの祖先らが、タブの生える海岸に立って彼方の故郷に思いをはせて涙を流した。その慟《どう》哭《こく》の涙こそ、日本文学の源流ではないか…という雄大な推量だった。

その折の感慨は「気多の村　若葉くろずむ　時に来て　遠海原の　音を聴きをり」な

ど、多くの歌に託されている。折口がタブノキに異常な関心を抱いたことは『古代研究』全三巻の口絵写真に、本文に記載のない能登のタブが八点掲載されていることでもよく分かる。

後日談がある。折口の直弟子で慶應義塾大学教授の池田弥三郎氏が、亡師がなぜ能登のタブノキに執着したのかが判《わか》らなかった。ある時、植物学者の宮脇昭教授からタブの話を聞き、感銘した池田は定年の折に、退職金をはたいて校庭にタブの幼苗を植えて学園を去った。

その後、池田氏は富山県魚津市の私立短大の学長に就任し、名声を博して他界した。訃報《ふほう》を全国紙が囲み記事で報じた。見出しは「名教授死してタブノキを残す」だった。

タブノキなどの常緑広葉樹がうっそうと茂る気多大社の「入らずの森」＝羽咋市寺家で

タブノキは残った㊁

鎌宮諏訪神社「鎌打ち神事」（中能登町）

暴風避ける神事

タブノキは神木である。魂、旅、賜《たまわ》ぶ、食ぶに通じるタブ（椨）は、能登のさまざまな神事舞台にも登場する。一宮の気《け》多《た》（羽《は》咋《くい》）をはじめ、藤懸《ふじがけ》（志賀《しか》）、重《じゅう》蔵《ぞう》（輪島）、須須《すず》（珠洲）、御《み》舟《ふね》（能登）、赤倉（七尾）など、海岸近くに鎮座する多くの社叢《しゃそう》には、暖地性の照葉樹が多様な樹木と共生しているのがみられる。それらの社叢の主役を演じているのがタブで、神木として尊《たっと》ばれている。

中能登町金丸の鎌宮諏訪《かまみやすわ》神社では、例年八月二十七日に鎌《かま》祭りが執行される。稔《みの》りの秋を前に風害が無いようにと、風神を奉《まつ》って風避《よ》けを祈願する奇祭である。御神体のタブノキに、稲穂と白木綿《もめん》をつけた二丁の鎌を打ちこむ神事は一見残酷だ。台風のメカニズムなど知るすべもない古代人には、暴風や竜巻が、神木に打ちこまれた鎌の刃を畏《おそ》れて、逃げ去るものと信じられていたのだろう。

一月六日の夜には、珠洲市片岩町の白山宮で叩《たた》き堂祭りが行われる。当組の者が人身《ひとみ》御《ご》供《くう》の代わりといわれる鱈《たら》を神前に供え、ほかにシロモチなどを用意する。大玉串《おおだまくし》と葉手水《はちょうず》に用いる二本の大枝は、朝のうちに社叢の赤タブを当年の恵《え》方《ほう》から切り出す。

神事は狒々《ひひ》になぞらえた白鉢巻に襷《たすき》がけの俎《まないた》直し役が、鱈を切り刻むのを見計らい、氏子らが一斉に丸モチを投げつけて退散させる。香りの好《よ》いタブの葉は、身を清める葉手水

ご神体のタブノキに鎌を打ち込み、風避け祈願をする鎌宮諏訪神社の鎌祭り
＝中能登町金丸で

に使う。祭りはここでクライマックスを迎える。もう一本のタブの大枝を氏子が横に捧《ささ》げ持ち、次々と交代して参詣《さんけい》する。その折、二列に並んだ氏子たちが、バタバタと床や柱、戸や腰板を叩《たた》き、「ヤー」と威嚇《いかく》の声を発する。まるで勝ちどきを思わせる雰囲気だ。

波静かな海を前にする能登町小浦の八王子神社には、夫婦タブがある。その昔、境内に神木のタブノキがなく、神から授かった二つの種を神主が植えたところ、みるみる育ち、やがて寄り添うように一本になり、夫婦になったというハッピーな物語である。

祭　花　景　冬　史

タブノキは残った㊂

鷲岳の鎮守の森（輪島市）

今に残る故郷の木と森

日本は木の国である。日本人のこころを支えてきたのは森である。身の回りを見ればよく分かる。私たちは木の家に住み、地域の一郭《いっかく》には日々の生活にはあまり関係のなさそうな、鎮守の神社や寺院が悠《ゆう》然《ぜん》と鎮《しず》まっている。そこには豊かな樹木が繁《しげ》っている。

森に関して、日本が世界に誇るものが二つあるという。一つは経済発展をとげた先進文明国の中で、国土の三分の二を占める森林率の圧倒的な高さ。もう一つは、今では林相がすっかり変わって推測できないその土地本来の原植生が、唯一日本だけが「鎮守の森」で読みとれること。どちらも森の民の信仰が生み出した、日本固有の現象といえる。

日本の宗教は神道も仏教も、最初に「森ありき」である。日本人の悠久《ゆうきゅう》の心を貫いてきたのは、故郷の木であり森であり、その凝縮《ぎょうしゅく》した姿が各地に残る鎮守の森である。

能登ほど鎮守の森が生き生きしているところは稀《まれ》だろう。三方を海に囲まれた半島低地に鎮《しず》まる社寺や墓地、旧家の屋敷周りや岬の端《はな》などに、タブノキはよく見られる。大昔、タブなどの照葉樹は大陸規模の温暖化によって南から北上し、縄文後期には能登半島低地にくまなく繁茂《はんも》していたとみられる。稲作の弥生時代に入り、人々は田を開き畑を打ち、道を造り村落を築いていく過程で、タブノキは次々と伐《き》られた。ところが、どうしても伐採《ばっさい》で

きないところがあった。私たちの祖先が時をこえて崇拝し、こころの拠《よ》り所にしてきた魂《たま》やどる鎮守の霊域である。鎮守の木を伐《き》るとバチがあたる…という敬虔《けいけん》なタブー意識の信仰が、世界で唯一の潜在自然植生が顕在《けんざい》する鎮守の森を残したのである。

　身近なところで、私が日々の早朝散歩で参る曽々木の春日神社にも、近くの金蔵寺や時《とき》国家《くにけ》の庭にもタブの巨木が聳《そび》えている。能登を俯瞰《ふかん》すれば、日本海側最大の半島をぐるっとタブの帯が巻いている。能登の山々が依代《よりしろ》なら、半島そのものが鎮守の森なのだ。

沿岸や低地部で多く見られる、タブノキを主木とする美しい鎮守の森
＝輪島市深見町鷲岳で

祭　花　景　冬　史

タブノキは残った 四

鹿島路の大タブ（羽咋《はくい》市）

能登の宝 いのち守る木

タブノキは生命力あふれる木だ。父祖の昔から私たちを見守り続け、こころの拠《よ》り所として子孫につなぐ故郷の木である。さらに日本の原郷「能登」を象徴する木でもある。

黒潮や対馬海流があらう列島低地に、今も深く根をおろすタブは、縄文末期に稲作が入って以来、二千三百年にわたって伐《き》られ続けてきた。しかし、血液内に森の民の遺伝子を持つ日本人の信仰に支えられ、生き延びてきた魂の木だ。

遠い昔、地球規模の温暖化の波に乗り、タブは多くの暖地性植物とともに南の国から日本列島に勢力を広め、やがて列島低地部を広く覆《おお》った。能登の大地にも、どっしりと根を張った。以来、毎年襲来する台風にも、突然大地を揺るがす地震にも、たびたび発生する水害や火災にも、強靭《きょうじん》な樹力で地域と人の生命を守り抜いてきた。

一例を挙げると、東京の浜離宮には現在も隆々と繁《しげ》るタブノキ群落がある。火事は喧嘩《けんか》とともに江戸の華《はな》と言われたが、たびたびの火災に耐えて二百年を超えた。能登では明治三十一（一八九八）年、曹洞宗大本山の總持寺《そうじじ》が大火に見舞われ、伽藍《がらん》の多くが焼失した。その折に火伏せとなったタブの老木が今も葉をつけ、ひっそりと境内に息づいている。

話は千二百数十年前の奈良時代にさかのぼる。当時、越中国守として赴任していた大伴《おおとも》家持《やかもち》が、春の出挙《すいこ》で能登を二巡した。その旅の途次、七尾から乗りこんだ船の中で「鳥総《とぶさ》立て船木伐《き》るといふ能登の島山今日見れば木立繁しも幾代神《かむ》びそ」と歌った。その神さびた木立は、今の能登島や中島周辺に生えている植生とは全く異なる林相だった。若い国守が目を見張った神々しいまでの光景は、タブ・シイを中心とする照葉樹の群落だった。

タブノキは美しい。あらゆる災害に強い。それだけではない。能登では神と敬《うやま》う木であり、こころの拠《よ》り所の樹木なのだ。樹齢六百五十年を超え、国内最大級の鹿島路のタブノキ。能登の大切な宝物である。

樹齢650年を超え国内最大級という羽咋市天然記念物「鹿島路の大タブ」。近年、傷みがひどい＝羽咋市で

忠魂碑

祭　花　景　冬　史

タブノキは残った五

大畠家の「おたぶさま」（珠洲《すず》市）
丁重に祀《まつ》られる屋敷神

三方を海に囲まれた能登半島。その沿岸近くの鎮守には、今もタブノキの巨樹やタブを主木とする照葉樹の森が多く残っている。石川県内のタブの巨樹のうち、八割近くが能登にある。祭りの国といわれる能登は、日本屈指の「タブノキの国」でもある。

多彩な祭りと神木タブノキ。そして土までやさしいと譬《たと》えられる能登人の気質は、半島風土の森羅万象《しんらばんしょう》に育《はぐく》まれたもので、いずれも一つの水脈で結ばれている。共通するのは大いなるものへの帰依《きえ》の篤《あつ》さだ。だからタブノキが生育している…というより、「鎮《しず》まっている」という表現が能登にはふさわしい。

珠洲《すず》市熊谷《くまんたに》の旧家で、大畠家十五代当主の武雄さん宅の庭には、幹周六メートルの「おたぶさま」とよぶタブの巨樹が家屋を覆《おお》っている。屋敷神として、代々の当主が丁重におたぶさまを祀《まつ》ってきた。以前はタブノキに日参していたが、先代のころに神棚に遷座《せんざ》した。以来、毎朝八時前には洗い米、神酒、塩、水、卵を献じて、夕方に徹饌《てっせん》するのを習わしとしている。おたぶさまの奇譚《きたん》は数知れない…という、主人の話をいくつか伺《うかが》った。

九年前のこと。夫人の美津枝さんが重い肝臓病を患い、大病院で手術をした。その折、主治医から「最適の薬剤がここにも他の病院にもないので難しい…」と言われた。すぐに家族を集めたところ、間一髪薬剤が救急車で運び込まれ、奇跡

的に一命をとりとめた。

　三十年ほど前には、嫁《とつ》いだ長女が出産した三日目に、極度に衰弱して危険な容体に陥った。その時、おたぶさまの葉の上に清水をのせて口に含ませたところ、娘さんがスーと飲みこんだ。不思議にも、それから容体はみるみる回復に向かい、元気をとり戻した。

　この厳粛《げんしゅく》な実態をどうみるか。霊魂の存在と生命の循環を信ずる者の、潜在的な生命力がタブの樹精に反応したとしか思えない。魂やどるタブノキはいのちの象徴であり、鎮守の森は私たち日本人の原郷なのだ。

屋敷を覆うように茂る大畠家の巨樹「おたぶさま」＝珠洲市熊谷で

祭　花　景　冬　史

落日賛歌 一

仁江《にえ》の千畳敷《せんじょうじき》(珠洲《すず》市)

感動残し 夏日沈む

一日の終わりを告げて、遥《はる》か水平線に陽《ひ》が沈む。沖に突き出た鬼の洗濯板のような奇岩を前に…。能登の落日景観が脚光を浴びたのは、昭和三十七(一九六二)年に石川県が制作した能登のポスターが、国際観光ポスターコンクールで最高賞を受賞したのがきっかけである。

撮影者は金沢の御園直太郎さん。昭和三十年代から数々の能登の風物詩を撮りつづけた草分けの写真家である。当時、日本は大衆旅行時代の幕開けを迎えていた。石川県と能登半島観光協会、国鉄金沢鉄道管理局(現JR西日本金沢支社)が牽引《けんいん》車《しゃ》となり、本格的な観光客誘致に乗り出していた。

昭和三十年代初め、能登観光は菊田一夫氏の映画「忘却の花びら」で幕開けした。三十八年の曽々木トンネル開通で半島一周が可能になった。それを見込んでの落日ポスターは、大きな話題と能登ブームを呼びこんだ。撮影地には珠洲《すず》市の仁江《にえ》海岸千畳敷が選ばれた。

当時の国道249号は未舗装部分も多く、砂ほこりを濛々《もうもう》とたててバスが走る国道を、乗客は揶揄《やゆ》して「酷道」とか「全身マッサージ道路」と呼び、秘境の名残りを楽しんだ。全国の主要駅に掲出されたポスターを見て、ぜひ現地で眺《なが》めたいと能登を訪れた人も多い。首都圏や中京・関西からの旅行者は、太平洋から昇る太陽を見る機会はあっても、日本海にさん然と沈む夕日を見送ることはない。まして半島の果て近くで眺める落日景は、旅への憧《あこが》れと感傷を誘うには申し分なかった。

あれから四十数年の歳月が流れた。この劇場舞台の背景を演出する渋谷利雄氏は、祭りやキリシマツツジとともに、能登の「三朱《さんしゅ》の神輝《じんき》」の落日景を追い、外浦各地を巡って三十年以上も撮り続けている。

感動をよぶ落日は、なぜか夏がいい。わだつみの大海原に沈む日と対峙《たいじ》するうちに、どこからともなく感動が涌《わ》き出てくる。なぜか？の答えはいらない。人それぞれに、胸の内をよぎるものがあるからだ。

燃え尽きて千畳敷のかなたに傾く感動的な落日＝珠洲市仁江海岸で

落日賛歌 二

白米《しろよね》の千枚田（輪島市）

棚田の沖に陽《ひ》が沈む

「♪ヤーエィ　今日もお日さま燃え尽きて　棚田の沖に沈み行く　海は紅《くれない》極楽浄土　南無阿弥陀仏なんまいだ」（能登キリシマ節）

　現在、能登の落日眺望《ちょうぼう》地で、最も人気が高いのは、棚田で有名な輪島市白米《しろよね》の千枚田。四月半ばには畦《あぜ》塗りや代掻《しろか》きが始まり、田植えが終わる五月中旬ごろまでの間、日暮れになると三脚に据《す》えたカメラレンズが、砲列のようにズラリと歩道に並ぶ。急斜面にひらかれた棚田を前景に、沖に沈む夕陽のシャッターチャンスを狙って人が集まるのである。

　自然の地形に逆らわず、無作為の曲線が田毎《たごと》の輪郭を描く名勝千枚田。水を湛《たた》えた棚田と畦道《あぜみち》と落日のコントラストが、この時期に人智を超えた絶妙の景観を見せてくれる。

　多くの日本人が夕陽《ゆうひ》に強く惹《ひ》かれるのは、心情的に分かるような気がする。西の空を茜《あかね》に染めて沈む太陽の、あの荘厳な光景にとどまらない、何かがあるからだ。何かとは？　私たちの血液内にしみこんでいる仏性《ぶっしょう》にかかわることである。水平線に沈む陽や山の端に吸い込まれる夕焼け空を前にすると、脱力感にも似た時計の振り子が止まるような、やるせない感情を抱いたことがないだろうか？

　私が生まれ育った東京でも、子供のころに折々訪ねた父の郷里の房総や継母の里の上州赤城村でも、夕焼けに染まって沈黙をした記憶が、今も鮮やかに脳裏に焼きついている。

　さらに、能登の海辺に移り住んで四十年になるが、今日まで千たびにもおよぶ水平線に沈む日を拝んできた。人の顔や指紋と同様に、落日景の趣《おもむき》はそのつど微妙にことなるので、まさに一期一会《いちごいちえ》の出合いなのだ。

　日本海の大海原に沈む日輪と対峙《たいじ》できる地縁をいただいたのも、私にとってはありがたく、勿体《もったい》なく、お陰様である。落日を拝し夕焼けに染まると、誰もがやさしくなれるし、無性に人が恋しくなる。抒情《じょじょう》歌の「赤とんぼ」や「夕焼けこやけ」を聴く折も、同じような穏やかな感情に包まれるのである。

「蓑（みの）の下耕し残る田一枚」の句が伝わる名勝千枚田沖の落日景観＝輪島市白米で

祭　花　景　冬　史

落日賛歌 三

義経の舟隠し（志賀町《しかまち》）

英雄の末路を暗示

目の前の風景に変わりはないが、そこに物語が秘められているとなると、人は自らの思いを重ねてみたくなる。私たちのこころのいとなみが、眼前の風景を潤色《じゅんしょく》し、時には歴史の息遣いさえ感じる。歌まくらなどはその典型的なもので、哀《あわ》れを誘う情話に彩《いろど》られているとなればことさらである。

志賀町《しかまち》の名所で知られる関野鼻近くには、舟隠しと呼ばれる間口の狭い、断崖に挟まれた切れ込みの深い入り江がある。兄の源頼朝の勘気《かんき》にふれて追放され、奥州へ落ちのびる途中、追っ手の目を逃れるために義経主従の舟がここに隠れたという伝承がある。能登に数多く残る義経伝説のひとつである。

英雄の悲劇的末路を暗示する舟隠し。そこに落日が迫るとなれば、哀《あわ》れさもひとしお増して、風景はがらりと一変する。沈む夕陽と追われ人の落ち行く先で待つ悲劇が、人々の思いの中で交錯《こうさく》する。風景ばかりか歴史上の人物にも感情が移入することで、時には史実を塗りかえてしまうことさえある。

底部で無常観が響く平家物語に登場する義経像は、戦術と知謀《ちぼう》にたけた武将として評価される一方、都での評判は平家の「選《え》り屑《くず》」よりも劣ると酷評され、風貌は小柄で反《そ》っ歯で、性格は敏捷《びんしょう》で抜け目のない「すすどき」人間と紹介されている。ところが後の源平盛衰記や義経記《ぎけいき》になると、笛を吹く美貌《びぼう》の貴公子としてロマンスの主人公へと変貌し、やがて国民的な英雄にまで駆けあがる。

追われ人の末路を哀惜《あいせき》する心情が、義経像を理想化していったのであろう。琵琶法師が語る平家物語の判官《ほうがん》都落ちの最後には「あしたに変わり夕べに変ずる世間の不定こそ哀れなれ…」とだけ記されている。舟隠し近くの関野鼻付近には、義経や弁慶にまつわる幾つかの伝説がある。吉川英治と同じように、義経主従が能登を経て奥州へ下ったと史観した村上元三氏の「義経の行方も知らず波の花」という句碑も建っている。

奥州平泉に向かう途中、源義経主従の舟が隠れたと伝えられる舟隠し＝志賀町関野鼻付近で

落日賛歌 ㊃

大島《おしま》の諸願堂（志賀町《しかまち》）

波間に沈んだ魂を慰める

世は室町時代。日本海の波間に沈んだ犠牲者の魂を慰撫《いぶ》しようと、西方《さいほう》浄土に向けて立派な供養塔を建てた人がいた。肥前国（長崎県）の船主で、名を武太夫と称した。

羽咋《はくい》郡志賀町《しかまち》の大島《おしま》海岸の出崎には、高さ三メートルの石積みの六角地蔵塔が立ち、傍らには数基の五輪塔が並んでいる。この沖で遭難した子息と乗組員たちの供養のため、武太夫は彼岸《ひがん》にいちばん近い諸願堂のある霊地の西端に、石材を故郷の肥前から運んで地蔵塔を建立したという。

西方に向かう塔の一面の頭部には、三角形の五輪の塔を刻んだ板碑《いたび》をはめ込み、他の五面の中央には、蓮座《れんざ》に立てた地蔵菩薩《ぼさつ》を浮き彫りにした。武太夫は神仏に帰依《きえ》することの篤《あつ》い、日本海をまたにかけた豪商だったのではないか。海難で亡くなった子息や乗組員に限らず、海のもくずと消えた有縁無縁《うえんむえん》の精霊《しょうりょう》供養のために、この地に六角地蔵塔を築いたのだろう。さらに日本海を往来する幾多の船の航海安全を祈願したのであろう。

暑気を海に入れて日が傾けば、夕焼けが供養塔を包みこむ。その情景は極楽浄土を思わせるものがある。そう感じるのは何故なのか？　それは私たちの血液内に溶け込んでいる、仏教観のなせるわざではないか。夕陽《ゆうひ》が沈む遥《はる》か彼方《かなた》に十万億土の浄土がある…と説く浄土観が、日本人の意識の奥底にまでしみ込んでいる

からだろう。
私の住まいは能登の外浦海岸際にあるので、今までに数えきれないほど、水平線に沈む落日を見送ってきた。その折にいつもよぎる思いがある。刻々と水平線に沈む日は、眺めるというよりも拝むという感じに近いのだ。落日景に心を揺さぶられるのは、実景に出合った感激にも増して、大いなるものに身を委《ゆだ》ねられることができるからではないか。彼岸《ひがん》につながる落日は、明日には甦《よみがえ》って希望の朝日となり、東の空を黄金色に染めて昇ってくるのである。

能登沖で遭難した船人たちの供養と、航海安全を願って建てられた六角地蔵塔
＝志賀町大島海岸で

落日賛歌 五

柴垣《しばがき》の長手島《ながてしま》（羽咋市《はくい》）

後光さす風光の地

今日も穏やかな夕べを迎え、燃え尽きた太陽が涅槃《ねはん》の海に沈んで行く。名勝の長手島《ながてしま》が、仏さまのようにひととき御光に包まれる。仏像の後背を思わせる荘厳な落日景ではないか。過ぎ去った夏の浜辺には、さすらう人影もない。「今はもう秋、誰もいない海…」と、いつのころかよく口ずさんだ歌を思い出す。

眩《まばゆ》いほどに真っ赤にもえて日本海に没入する太陽も感動的だが、清澄なしらべを奏でて海原に沈む秋の夕陽《ゆうひ》も胸を打つ。かつて、夏の日には溢《あふ》れるほどの海水浴客でにぎわった柴垣《しばがき》の浜。その砂浜を二分して、沖に五百メートルほど細く長く突き出たミニ半島が長手島で、羽咋《はくい》市柴垣海岸のシンボルである。黒松がつらなる風光《ふうこう》明媚《めいび》なところから、天女が浜とか小天《あま》の橋立《はしだて》などの美称もある。

全国的な傾向だが、近年ここも海水浴客が減少した。時代のすう勢と言えばそれまでだが、プールの整備で天然浴が廃《すた》れてきたことは寂しいかぎりだ。便利さやリッチさの代償に、天恵を放擲《ほうてき》するのが現代社会なのだ。

長手島にはその昔、海からあがったと伝えられる七面様《しちめん》が祀《まつ》られている。能登に数多くみえる漂着神や寄り仏伝承の一つである。七面様は、鬼門を封じて七面を開く守護神であり龍神様だ。海を守り雨を司《つかさど》る神として、地域の多くの農漁民から篤《あつ》い信仰を集めて

きた。ありがたい七面様を尊称して、七面大天女様と呼ぶ人もいる。

寄り神を祀《まつ》る七面堂は、長手島の中ほどにある。昔は度々ここで雨乞《あまご》いの祈祷《きとう》をしたという。旱魃《かんばつ》で農作物に大きな被害が予想される時には、島に湧《わ》く井戸水を七面様にお供えし、旗を立て天に向かって太鼓や鉦《かね》を激しく打ち鳴らしたそうだ。漁撈者《ぎょろうしゃ》の多い柴垣集落では年に一度、日蓮宗本成寺《ほんじょうじ》の司祭で、島のお堂で七面様祭りが行われている。

夕陽を背にした長手島は神仏が宿る霊地だから、後光がさすのも当然である。土地柄、「南無妙法蓮華経」のお題目がよく響く。

後光に包まれた長手島。車のフロントガラスに三様の反射景が映る技ありの落日景
＝羽咋市柴垣海岸で

祭　花　景　冬　史

能登の細道㊀

相撲甚句「能登名所」（能登町）

横綱、キリシマ日本一

かたや阿武松《おおのまつ》、こなた輪島。能登が生んだ二人の横綱。出身地は能登町七見《しちみ》と七尾《ななお》市石崎。阿武松は江戸後期に一世を風靡《ふうび》した名代の大横綱である。

石川県天然記念物「のとキリシマツツジ」を慈育する珠洲《すず》市大谷町の池上宝蔵さんが、今も艶《つや》やかな声で相撲甚句《すもうじんく》を唄《うた》う。

♪ハァー能登の名所を
甚句でよめばヨー
（アードスコイ　ドスコイ）
ハァー
なぎさ千里浜　気多大社《けたたいしゃ》
音に聞こえた滝谷の
五重の塔は妙成寺《みょうじょうじ》
能登金剛から能登富士を
越えて總持寺《そうじじ》　大本山
輪島塗師《ぬし》町　市が立つ
棚田千枚　白米《しろよね》の
沖に真っ赤な日が沈む
南無阿弥陀仏なんまいだ
御陣乗太鼓の名舟過ぎ
平家揚羽《あげは》の時国家
曽々木海岸親不知《おやしらず》
西海浜は粗塩田《あらしおだ》
半島の北は禄剛崎《ろっこうざき》
はるか彼方《かなた》は佐渡島
珠洲《すず》は杜氏《とうじ》の故郷で
技が自慢の酒造り
見付島《みつけじま》から九十九湾《つくもわん》
冬も静かな内浦は
真鱈《まだら》　寒鰤《かんぶり》　牡蠣《かき》の幸
わけて名所は和倉の湯
戦火の歴史を語るのは
七尾古城に石動山《せきどうさん》
郷土が生んだ横綱は
阿武松《おおのまつ》関　輪島関
日下開山《ひのしたかいさん》　世の誉《ほま》れ
時は平成十五年
能登の大地に開かれた
緑の空港　能登空港
その半島に　咲き誇る
のとキリシマは赤い花
日本一の能登の花
千代に八千代に赤々と
キリシマツツジはヨー
アー　能登の花
（アードスコイ　ドスコイ）

講談や落語で報恩美談が多く伝わる阿武松緑之助《おおのまつみどりのすけ》は、身長一七三センチで体重が一三五キロ。シコ名はお抱えの毛利藩（現山口県）の名勝阿武の松原による。江戸に出て苦労と努力を重ね、文政十一（一八二八）年に三十八歳で六代目横綱に昇進。稲妻雷五郎《いなずまらいごろう》とともに文政・天保期の土俵を沸かせ、郷土七見にも錦《にしき》を飾った。

五月上旬前後。七見の古刹《こさつ》萬年寺境内にも、真っ赤なキリシマが咲き誇る。

高さ4・5メートル、幅2・4メートルの自然石でつくられた阿武松の碑＝能登町七見で

横綱阿武松

祭　花　景　冬　史

能登の細道 ❷

塩田街道（珠洲《すず》市）

加賀藩いのちの塩守る

「♪塩をとる時百日浜辺沖のはせ舟見て暮らす」（砂取節）

白山の水が加賀平野を潤《うるお》し、百万石大藩の米経済を支えてきた。一方、いのちの塩を補給し続けてきたのは能登の揚浜《あげはま》塩田である。珠洲市に古《いにしえ》より伝わる作業唄《うた》を聴けば、酷暑の夏を営々と塩づくりに励んだ浜士らの暮らしが、陽炎《かげろう》のように浮かんでくる。

加賀藩は塩の生産を能登に頼り、その中心的役割を担《にな》ったのが、現在の珠洲《すず》市西海《さいかい》から輪島市町野にかけての外浦北部の塩田だった。岩礁《がんしょう》が並ぶ海岸で、背後に山が迫る西海地区が、なぜ最大の製塩地だったのか?

砂取節の由来になった砂さえ他所から船で運んだ土地柄だが、それなりの理由がある。稲作には不向きでも、製塩経費の半分近くを占める薪《たきぎ》は裏山で調達できた。河川が短小なので海水が濃く、真夏は雨量が少なく温度が高い。砂の上に海水をまき、天日で水分を蒸発させ、濃い海水をつくり、それを薪《たきぎ》で煮詰めて塩をつくる揚浜《あげはま》式製塩には適していた。

藩は専売制度を取り入れ、塩の生産量を確保した。生産請負人を塩士《しおじ》、作業者を浜士とよんだ。生産者が手にする米の四倍前後を塩で納税する塩替え（米との交換率）が定められ、暮らし向きは苦しかったようだ。

明治期以降は数度にわたり、厳しい衰退化の波に襲われた。昭和三十年代には揚浜塩田の絶滅危機を迎えた。能登塩田の歴史は絶やせないと、唯《ただ》ひとり観光面にも配慮して存続させた人がいた。珠洲市仁江《にえ》町の角花《かくはな》菊太郎さん（故人）と、後を継いだ子息の豊さんだ。平成の今日。地域有志らによる奥能登塩田村が能登製塩再興の中核を担《にな》い、西海《さいかい》地区に数カ所の塩田が復活した。天然塩の価値はすこぶる高く、真価発揮はこれからだ。

昭和三十（一九五五）年。塩田をつぶさに見た俳人沢木欣一氏（故人）が、大作三十句を発表した。「塩田に百日筋目つけ通し」の句碑が、塩田跡の曽々木窓岩ポケットパークに立つ。塩を焼いた釜屋《かまや》の跡に、私が住んでいるのも不思議な縁だ。

荒潮桶で海水を塩田に運ぶ角花豊さん夫妻＝珠洲市仁江海岸で

能登の細道㊂

万灯《まんどう》とこしえ（輪島市）
悲しみ癒《い》やす光の瞬《またた》き

おびただしい瞬《またた》きが闇夜《やみよ》を照らす。灯火を点じて有縁《うえん》無《む》縁《えん》の精霊《しょうりょう》を供養し、自らの罪《ざい》障《しょう》をしずかに省《かえり》みる。世界の平和を願うとともに日々の安《あん》寧《ねい》を祈る万灯会《まんどうえ》。平成十九（二〇〇七）年は能登や越後で大地震が発生し、多くの人々が被災した。ある日突然、災禍《さいか》に遭遇するこの世の不条理に、人は自《おの》ずと合掌するのだろう。

小さな灯火に向かうことで、私たちはどれほど悲しみを和らげられ、癒《い》やされていることか。まして光の帯や河のように、万灯に映し出された幽遠な世界を前にすればなおさらである。悲惨な戦争や天災などで命を奪われた彷徨《さまよ》える御霊《みたま》には、欧米でも日本でも、遺族や縁者たちは万感の思いで灯《ひ》を捧《ささ》げている。

奥能登の二カ寺と一地域で、毎年八月に万灯会が催される。八月九日は観音霊場で知られる輪島市町野町の岩倉寺で、十五日の終戦記念日は花の寺で親しまれる能登町寺分の平等寺で、翌十六日は一集落に五カ寺をいただく町野町金蔵集落で、地域をあげて行われる。

標高一七〇メートルにある岩倉寺は、九日の「千日参り」で親しまれる施餓鬼《せがき》法要で万灯があがる。駐車場近くの中御堂から本堂にかけての石段左右と、御堂のぬれ縁から境内に二千個あまりの灯籠《とうろう》が献ぜられる。御詠歌《ごえいか》と読経が響く山中の趣《おもむき》は、弘法大師ゆかりの高野山万灯会の縮小絵巻をみるようだ。

盂蘭盆《うらぼん》十五日。平等寺の万灯会は信者が奉ずる各家の霊位と願いごとを記した灯籠千個あまりが、山門から境内、鐘楼《しょうろう》横から御堂背後の十三仏を祀《まつ》る探勝路の左右に灯《とも》される。ろうそくの灯がゆらめく優雅な灯籠の列が、訪れる参《さん》詣者《けいしゃ》のこころを幽玄の世界へと誘う。

十六日は金蔵集落の万灯会。ガラス容器に入れた「万」を超える小さな光の粒が、五カ寺をはじめ各家の墓所や沿道に灯《とも》され、集落全体が幽玄郷にさま変わりする。当夜は数々のアトラクションも催され、夏の夜の風物詩を愛《め》でる多くの来訪者で賑《にぎ》わう。私は偶然この日が誕生日なので、毎年、光の湖に身を浮かべて楽しんでいる。

万を超える灯火の粒が地域を幽玄郷に変貌させる万灯会
＝輪島市町野町金蔵の慶願寺前で

祭　花　景　冬　史

能登の細道 四

泣き砂の浜（輪島市）

海に消えた悲恋の物語

　いつのころか定かではないが、おさよは渡瀬《わたぜ》（現在の輪島市門前町）の浦士《うらづつ》で生まれた。家は貧しかったが器量よしだった。年ごろになった娘は身売りされ、日本海を往《い》き来する回船が繁《しげ》く出入りする港町で、いつしか評判の遊女として働いていた。

　ある日、ひとりの若い船乗りがおさよのいる女郎屋にあがった。名を重蔵と言った。輪島のしがない漁師の家に生まれたと聞き、おさよの顔に驚きが走った。ともに生まれは同じ能登の鳳至郡《ふげし》だった。貧しい家に生まれた若い男女が、誰も知らない港町で巡り合ったのである。たちまち二人は恋仲になった。いつの日か郷里に帰って、夫婦になることを指切りげんまんして誓い合った。

　そんなある日。思わぬ事態が待ち受けていた。重蔵が船出をしたまま消息を絶った。来る日も来る日も港で待ち続けたおさよは、やがて患って故郷に帰った。生まれ在所に戻っても、おさよは毎日浜に出て海の彼方《かなた》を眺《なが》めては、重蔵恋しと泣き暮れた。終《つい》には海に身を投じて儚《はかな》い生涯を閉じたという。

　おさよが亡くなった数日後、村人が浜を歩いていると、踏みしめた砂が「キュッ、キュッ」と泣いた。「おさよが重蔵を思うて、ごめいて（泣いて）いるんやろ」と、村人はうなずき合った。人々はその浜を「ごめき浜」と呼ぶようになった。今の琴ケ浜である。

　後日談がある。おさよの霊を慰めるため、村人たちは海がよく見える八幡の地に祠《ほこら》を建てた。ところが、おさよの霊が沖行く船を止めたり引き寄せるので、海の見えない上代《うわだい》の地に黒髪を祀《まつ》って遷座《せんざ》した。現在の仁岸《にぎし》郷社の黒髪神社である。

　能登には永久のヒロイン「おさよ」が二人いる。泣き砂の黒髪おさよと、越中五箇山《ごかやま》の庄川に身を投じた麦屋おさよ。ともに貧しい家に生まれ、故郷を離れて遊女になり、悲恋に泣き、果ては若い命を自ら絶った。運命のいたずらとはいえ一途《いちず》な思いが愛《いと》しすぎる。

悲恋伝説を今に伝える泣き砂の浜
＝輪島市門前町琴ケ浜で

祭　花　景　冬　史

能登の細道 五

神子原《みこはら》（羽咋《はくい》市）

麗《うるわ》しき名の原風景

神和住《かみわすみ》、恋路、仁行《にぎょう》、古君《ふるきみ》、清真《きよざね》。能登には麗しい地名が、散りばめられたように点在している。羽咋市東部の山方に位置する神子原《みこはら》も、その一つである。三十数年前の春、地名に魅せられて初めてこの山里を訪れた。

富山県氷見市に通じる山間の国道415号を上って行くと、県境近くで「神子原」の名に出合った。道沿いには老朽化した懐かしい木造校舎の小学校があり、校庭の桜が満開だった。地名にひかれ、ふらっと神子原を訪ねたなりゆきに、感激したことを覚えている。

収穫のさなかに訪ねたこともある。碁石ケ峰へ上ろうと神子原から、左右を薄《すすき》がおおう林道の坂道を小さな車で分け入った。その途中、右手斜面に広がる山里の佇《たたず》まいが目に入り、思わず車を停《と》めて飛び出した。

そこには黄金色に染まった棚田が広がり、秋の陽《ひ》差しを浴びて、黙々と稲刈りをする人影があちこちに見えた。近くには稔《みの》りの秋を象徴するように、逆さ干しされた重たそうな稲束が架木《はざ》にかけられていた。棚田の向こうには黒瓦《かわら》屋根の家屋が点在し、あるがままの妙景といいたい佇まいがあった。なにか勿体《もったい》ないような秋の里景色を前に、私は持参した握り飯を頬張《ほおば》りながら、飽かずにとり入れ風景に見入っていた。何気ない光景を呆然《ぼうぜん》と眺《なが》めているひとときが、私にとってはたまらない至福の時なのだ。それはなぜか若いころも今も変わりがない。

過疎化が進む山里に、今、新しい息吹《いぶき》が生まれている。瑞《みず》穂《ほ》の国の宝は「米」ではないかと、地域の人々が和をひろげ、その名も「神子原米」のブランドを生み出した。付加価値の高い米を生産し、地域特産の諸々の食品・産物とともに、集落の沿道に設けた店舗で売り出し、人気を呼んでいる。

過疎化の進むのを嘆いてばかりはいられない。神子原にはあせない時代が置き忘れた、貴重なモノとココロが生きている。原風景を今にとどめる神子原は、美しい山里である。

秋日を浴びて黄金色に染まった神子原米の収穫に励む人々＝羽咋市神子原町で

祭　花　景　冬　史

能登の細道 六

ふりむき峠（輪島市）

懐かしく清々《すがすが》しい山里

　猿鬼伝説ゆかりの地で「かいのご」の里でも知られる大西山は、輪島市東部の山間に位置する三十戸あまりの小集落。肌で秋の気配を感じとれる自然郷で、懐かしい情景に出合える清々《すがすが》しい山里である。集落奥の坂道を上がると、眺めの佳《よ》い場所に出る。そこには素朴な「ふりむき峠」の案内板が立っている。ここから見る集落の景観は、あたかも「まんが日本昔ばなし」に出てきそうな佇《たたず》まいを見せる。

　今は車でも通れる郷愁感あふれる「ふりむき峠」への道も、戦前までは人ひとりがやっと通れる山道だった。大西山から近くの町野町や奥能登の丘陵を越えて内浦方面に出る折は、この峠の坂道をたどった。上ってきた道を振り返って眺める景勝の地を、この辺では「よりむき」と言った。ふりむき峠は、よりむきの現代版である。

　高くも低くもない山々に囲まれ、自然とともに日々を暮らす大西山の人々は、古《いにしえ》より多くの作業唄《うた》を伝承してきた。そのひとつに「かいのごかち唄」がある。かいのごは「粥《かゆ》の粉」のことで、実らない粃《しいな》を搗《ひ》いて粉にして保存し、非常時には団子にして粥に入れて食べた。悲しくもたくましい生活の唄である。

　この地はかつて、前びる（午前の小休）にも小びる（午後）にも柿がおやつに出る、と唄われた西山柿の産地だった。三十年も前に古老から聞いた話を今も覚えている。

　秋が深まると竹竿《たけざお》で柿をとり、夜は皮を剥《む》き、五個ずつ串《くし》に通し、十串を一連にして軒下に吊《つ》るす。乾燥してくると手で揉《も》んで、平べったい形にした。干し上がるとイロリの上に吊り、艶《つや》が出ると火から遠ざけて再び吊るし替えをした。出来上がった干し柿は、莚《むしろ》包みにして奥能登各地に卸売りをしたという。荷を背にして売りに出る時は、在所を見下ろすこのふりむき峠で一息入れたことだろう。

　時折私は、ふりむき峠にボケーと立つ。自然と地域のお陰で生かされていることを、峠の風がそっと語りかけてくるのである。

懐かしい集落の佇まいを見せる「ふりむき峠」からの秋景色＝輪島市西山町大西山で

輪島女人根性譚 一

朝市（輪島市）

市姫さまが見てござる

輪島朝市がクシャミをすれば、和倉温泉が風邪をひく…などと、こんな言葉が以前業界人の間でささやかれた。朝市休日の前夜は、和倉温泉に閑古鳥《かんこどり》が啼《な》くという意味だ。

朝市は日本の各地でも開かれているが、輪島ほど活気に満ちているところは稀《まれ》だろう。定休日は正月三が日と毎月十日、二十五日。それ以外の午前中、通称「朝市通り」とよぶ河井本町通りに市が立つ。さまざまな海山里の季節の幸をはじめ、地域の特産品や自慢の手づくりの品々が通り狭しと並んでいる。

朝市を訪れる観光客は年間およそ百万人。地元の常連客は、賑《にぎ》わいの間隙《かんげき》をぬって市《いち》の風にあたりに出る。旬《しゅん》の幸を見つけては、ちゃっちゃっと買い物を済ませて夕餉《ゆうげ》に備える。

朝市通りは女の甲斐性《かいしょう》が行き交う劇場だ。主役は市女《いちめ》のジャーマ（主婦）とオババ。脇役《わきやく》黒子《くろこ》は地域人と朝市組合。観衆は観光客。尾張名古屋が城でもつなら、輪島朝市は一坪《ひとつぼ》一城の女主人でもっている。「亭主の一人や二人養えないようでは、女の風上にもおけない」という諺《ことわざ》が、今もこの地では健在だ。

鮮魚に野菜、塩乾物、果物、花、豆腐。さらに菓子や民芸品などの観光みやげ品まで、とりどりの商品が通りに顔を並べる。その繁盛《はんじょう》の根っこには、朝市女の甲斐性がどっしりと座っている。市の魅力創出に貢献しているのは、年輪が刻《きざ》まれた市女らの顔なのだ。「このバ

市女の甲斐性が支える朝市は能登観光の顔。通りには海山の幸が並ぶ
＝輪島市河井町で

ーバ（婆）から朝市とったら何も残らんぞ」というほどに、市に出ることを生き甲斐にしている女人が多いのである。

輪島朝市の歴史は安寧《あんねい》な道ばかりではなかった。明治二十年代と昭和四十年代には、存亡の危機に見舞われた。朝市を守ったのは、雨の日も風雪の日も、通りに座り続けてきた輪島おんな衆の根性なのだ。

末長い朝市の安泰は「一に市姫さまに感謝し、二に日々和《わ》顔《がん》愛《あい》語《ご》で接し、三に先走って売れるものなら何でも主義に陥《おちい》らない」ことだ。がんばれ！輪島朝市、ジャーマ、オババ殿。いつも市姫さま（市姫神社）が見てござるぞ。

祭　花　景　冬　史

輪島女人根性譚㊁

振り売り（輪島市）

幸せ運ぶリヤカー

春夏秋冬とき分かず、輪島の街中をぬうように信頼のリヤカーが行き来する。いつものようにダンナバ（旦那場＝得意先）近くに停《と》めれば、そこは小さな鮮魚店に早変わり。

旬《しゅん》の海幸を積み込んで、自分の持ち場をめぐり行く「振り売り」の行商女たち。振り売りに出るのは、漁どころの輪島崎に住む四十〜五十人ほどのオカカたち。近ごろは動く朝市などともいわれ、輪島の風物詩の一つになっている。オカカらは誰にも負けない自慢の腕と目がある。庖丁《ほうちょう》さばきはお手のものだし、競《せ》りの入札権を持っている人も多く、魚介類の品さだめに狂いはない。

リヤカーは移動小型鮮魚店であるとともに、信頼の「振り売り」のシンボルだ。荷台には季節のさまざまな魚介類や、オカカ自らが手にかけた昆布巻きや干物、加工品などが手際よくコンパクトに積まれ、氷やつり銭などの備えもぬかりがない。近年は携帯電話や宅配伝票を持参しているので、頼めば箱詰めから発送手配までしてくれるので、まことにありがたい。

のどかな原風景に映る振り売りだが、大型店舗よりずっと便利で無駄がない。好みの魚を目の前で、庖丁さばきをサービスでしてくれるのだから、幸せ鮮魚便といいたいほどだ。

私の親しい振り売りさんは、得意先回りのコースと時間がおよそ決まっている。近所の主婦や小料理店を営む人たちは、ころ合いをみて集まってくる。巷話を交わしながら、客が魚箱のふたを開けて覗《のぞ》いている。決めた魚の値を聞けば、客自らが銭函《ぜにばこ》の中にお金を入れ、つり銭を出すなどしている。振り売りオカカと常連客は、絶対信頼の間柄なのだ。

時折、私も「昆布巻きとイワシの卯《う》の花すしを送っておいて」などと、宅配伝票を預けている。すると、翌日の夜にはきまって首都圏や山国の親しい知人から、笑顔が見えるような礼電を頂戴《ちょうだい》する。

朝市が立ち、振り売りが行く。父楽《ととらく》の能登輪島は、女人の根性に支えられているのだ。

町内回りの前は品ぞろえなどの準備に忙しい振り売りさん
＝輪島市の輪島漁業組合前で

3.5
0.5
3
1
2.5
1.5
2

祭　花　景　冬　史

「千」の名所 ㊀

千枚田（輪島市）

辛苦の歴史経て美しく

能登には「千」の字を冠称する名所が六カ所ある。千枚田、千刈田《せんがりだ》、千体地蔵、千畳敷《せんじょうじき》、千本椿《つばき》、千里浜《ちりはま》。

国指定の名勝で日本の棚田百選。能登の原風景を今に残す白米《しろよね》の千枚田は、輪島市街地と曽々木《そそぎ》海岸のほぼ中間にある。耕して海になだれこむ棚田の風情は、耕作の労苦を知らぬげに、畦《あぜ》が濃《こま》やかな幾何学《きかがく》的模様を描いて美しい。四季折々に変化する眺めは、絶景というよりも妙景というべきだろう。塗り上げた畦が区切る無作為の曲線。棚田の沖に沈む真っ赤な夏の日。黄金の穂が畦を覆う初秋。雪が白い紋様《もんよう》を描く鎮魂《ちんこん》の冬。千枚田の風情は、自然と人知の合作である。

火山岩質の上に薄っぺらな風化土でひらかれた千枚田は、たびたびの地滑りと豪雨で土砂が埋まり、大時化《しけ》の海からは波が裾《すそ》を容赦《ようしゃ》なく襲った。そんな苦い、つらい過去を秘める千枚田だが、何ごともなかったように今日も美しい佇《たたず》まいをみせている。

かつて二千百枚を数えた棚田も、年々減少して平成三（一九九一）年には六百枚近くにまで減った。当時は誰の目にも「滅びゆく千枚田」と危ぶまれたが、関係者の懸命な努力によって、現在は文字通り千枚の田が耕作されている。目の下一望に広がるパノラマ景観を、道の駅展望台に立つ旅人たちが眺めまわしている。カッコいいー！　チヨーきれい、ようやるわ…と、

明るい弾んだ声が飛び交う。

日本の多くの棚田は、村々の鎮守の森が消えるように、私たちの懐かしい心象風景から消え去った。農業が日本の国を興《おこ》し、支えているという意識が持てる間は救いがあった。その支えが外れたとたん、棚田の崩壊劇が始まった。そんな中で、能登にはまだこのような棚田が現存するのだ。

昭和十五（一九四〇）年。アララギの総帥《そうすい》土屋文明がこの地を訪れた。

「一椀にも足らぬばかりの田を並べ継ぎて来にける国を思ふも」と詠んだ生活景が、今も現に、眼前に広がっているのである。

海に躍りこむ傾斜地にひらかれた棚田が美しい収穫の秋＝輪島市白米町で

「千」の名所 二

千刈田《せんがりだ》（能登町）

一代で財、今はひっそり

歌は世に連れという諺《ことわざ》があるが、名所の田んぼも同じである。時代の移ろい次第で、その評判も大きく変わったり逆転したりする。

棚田で有名な白米《しろよね》千枚田は、藩政期はもちろん、明治、大正期にも話題に上がることはなかった。しかし今は能登を代表する人気スポットになっている。対照的に能登町山間に残る千刈田は、藩政期の『能登名跡志』に「十郎兵衛とて大百姓あり。所持ありし千刈の一枚の堀田あり」と、記されるほどの評判田だった。ところが今は知る人もない。

千刈田は、輪島市東部の金蔵集落に隣接する能登町柳田の金山《かんやま》にある。周囲の小山に囲まれた一枚田で、千束の稲を刈れるほどの大水田を羨《うらや》んで、昔人が名付けたものだろう。

藩政の後期。町野川河口の曽々《そそ》木《ぎ》の在所に橘十郎兵衛という人がいた。男は柳田に移って、一代で財を築き、失った、波乱の生涯と数々の逸話《いつわ》の持ち主である。

宝暦八（一七五八）年の持高が五百三十石で人手は四十五人、馬八頭を抱えていたという。千刈田は十郎兵衛の妻のシンガイ（へそくり）田で、後の世に「十郎兵衛のカカ（妻）さ、味噌《みそ》づかい鍋《なべ》に足洗ろた」と、里人たちが揶揄《やゆ》をこめて唄《うた》った。

千刈田にはこんな逸話が残っている。あまり田んぼがデカイ（大きい）もんで、草取りを頼まれた奉公人のニョウボ（女）どもは、周《まわ》りの草だけとって手

抜きをした。日暮れに戻った二ヨウボらに、主人が訊《たず》ねた。「田んぼの中になんぞなかったかの?」と。「オヤッサマ何もなかったわね」と答えたので、手抜き仕事がバレてしまった。主人の十郎兵衛は夜明け前に、そっと田んぼの真ん中に酒樽《さかだる》を置いてきたのである。

そんなユーモラスな話に彩《いろど》られた千刈田。現在は六戸の家族らが、長閑《のどか》な秋日をうけながら、黙々と収穫にいそしんでいる。

余談だが、十郎兵衛の子は書の大家となり「橘観斎」と号した。後年十二代加賀藩主に招かれて、幼君前田斉泰《なりやす》(十三代藩主)の書の師範をつとめた。

藩政時代には名所だった広大な山間の一枚田も今はひっそり=能登町金山で

「千」の名所 ㊂

千体地蔵（輪島市）

自然の造形、地蔵尊並ぶ

自然は時に信じがたい造形物を創《つく》りだすものだ。それは造化神のいたずらとしか言いようがない。眼下に大海原を見おろす標高一七〇メートルの急崖《きゅうがい》に林立する、自然が刻んだ曽々木《そそぎ》の千体地蔵だ。

曽々木は能登北部の輪島市東端の景勝地。集落の背後には屏風《びょうぶ》立ちする標高三五七メートルの岩倉山がせまる。山は往古から岩倉比古《ひこ》神と、海から上がった観音菩薩をまつる霊山で、近郷の農漁民や沖を往来する舟人たちに崇《あが》められてきた。その山裾《やますそ》が海になだれこむ急斜面の中ほどに、世にも不思議な自然石の地蔵群がある。幅五メートル、高さ七メートルあまりの露出岩盤に、悠久の風雪の鑿《のみ》が刻んだ地蔵尊がビッシリと並ぶ。

かつて曽々木の揚浜《あげはま》製塩が盛んだったころ、塩焼きにつかう薪《たきぎ》を集めに、浜士らは山中を忙しく往《い》き来した。その折、この奇石の前に立つと汗をぬぐって手を合わせたので、いつしか千体地蔵と呼ばれるようになった。

この奇観は、長年にわたる岩倉山流紋《りゅうもん》岩の柱状節理《ちゅうじょうせつり》の風化によってつくられた。柱状の上部が地蔵の頭のように丸くなり、節理の層に粘質のうすい板状の岩がはさまったため、よだれ掛けや帽子や台座に見える。やや前かがみで数段に立ち並ぶ千体地蔵は、しっかりした靴を履いて行かないと、お目にかかることはできない。

登り口は二カ所。曽々木集落の背後から急坂の自然歩道を休みながら上れば、三十五分ほどでたどり着く。もう一カ所は観音霊場の岩倉寺駐車場まで車で上がり、そこから徒歩で参道を上り、十分ほどで岩倉寺に着く。参詣後、寺から眺望《ちょうぼう》の佳《よ》い「いわくら菩薩のみち」を、二十五分ほど歩けば、展望台のある千体地蔵の前に出る。

そこから眺めるパノラマ景観は、壮観のひとことに尽きる。二十五キロメートル沖に浮かぶ七ツ島さえ、海原に配置された石のようだ。西に目をやれば、奥能登最高峰の高洲山《こうしゅうざん》から輪島市街地まで一望できる。冷たい飲み物持参と、ゴミの持ち帰りをくれぐれもお忘れなく！

岩倉山流紋岩の柱状節理が、長年の風化で地蔵のような形になった千体地蔵
＝輪島市曽々木で

「千」の名所 四

千畳敷《せんじょうじき》（能登町）

神々しく浮かぶ立山連峰

能登には千畳敷《せんじょうじき》とよばれる、特異な景観をもつ海岸地形が数カ所ある。凝灰質《ぎょうかいしつ》の岩盤が海面に広く露出しているところもあれば、洗濯板のような形をした波状の岩盤もある。

四十数年前。石川県が制作した千畳敷の落日ポスターが評判を呼んだが、その撮影地は珠洲《すず》市の真浦仁江《にえ》海岸である。ほかに輪島市西保海岸鵜入の絶壁下にもある。

能登町東端の真脇《まわき》海岸千畳敷は、宇出津《うしつ》から小木《おぎ》に向かう県道の崖下《がけした》に見える。晴れた日には富山湾をへだてて雄大な立山連峰が浮かぶ。秋が深まれば、紺碧《こんぺき》の海と冠雪の立山の対峙《たいじ》が鮮やかに冴《さ》え、旅人の感動を誘う。そんな絶妙のコントラストを見せてくれるのも、前景に千畳敷があればこそ…である。

昭和五十七（一九八二）年。真脇の入り江奥にゆるやかに広がる平野から、とてつもない巨大タイムカプセルが出土した。真脇縄文遺跡である。それも、縄文前期から晩期にまたがる複合遺跡だ。この地が豊富に地下水の流れる沖積《ちゅうせき》平野であったことが幸いし、普通なら残りにくい動植物質の遺物まで出たというのだから、まさに地の利を得た遺跡である。

以来、縄文人のメッセージを伝える多種多彩な出土品が、数千年の時を経て、続々と私たちの前に現れた。さまざまなタイプの土器、石器、木製品をはじめ、大量のイルカの骨や、信じがたいほどの巨大なクリ

の木の柱根まで多数出土した。またヒスイのように他地域から運ばれたとみられる品もあり、石器でくりぬいた丸木舟を巧《たく》みにあやつって、縄文人たちが沿岸地域の人々との交流を育《はぐく》んでいた様子が、瞼《まぶた》に浮かんでくる。

目の前の豊饒《ほうじょう》の海も、木の実がたわわに実る背後の丘陵も、彼方《かなた》に神々しく浮かぶ立山の雄姿も、縄文人らは大いなるカミと敬い、親しみ、同胞《どうほう》と感じていたに違いない。丸木舟をこぎ出し、千畳敷に棲息《せいそく》する貝類の採取にも来たことだろう。悠久の歴史の舞台に立つと、そんな推理もしてみたくなる。

縄文遺跡にほど近い、真脇の千畳敷。海の彼方に浮かぶ立山とのコントラストが見事
＝能登町で

祭　花　景　冬　史

「千」の名所 五

千本椿《つばき》（珠洲《すず》市）

ひっそり照葉樹の森

　珠洲市の外浦を高屋から木浦へと向かう坂道の途次、通称ラケット道路の駐車場向かいの森の中に、徳保八幡神社がひそやかに鎮座《ちんざ》している。昼もうす暗いじめじめとした空気が漂う境内には、ヤブツバキの野生群落やタブノキが繁茂《はんも》する。照葉樹の野生椿群落を、土地人は「徳保の千本椿」と呼んでいる。

　能登の最果て、珠洲市の花は「椿」である。五弁の麗花《れいか》をより鮮やかに、より多彩なものにしようと、各地で椿の品種改良が進んでいる。そんな中で、原種の野生群落がこの地に息づいているのは嬉《うれ》しいかぎりだ。

　境内のヤブツバキ群落は、二月ごろから五月にかけて次々と一重の花を咲かせる。真っ赤な椿が咲き始めると、春を待ちわびた土地人の心の中にポッと灯《ひ》がともる。オブジェのような風体をみせるヤブツバキを仰げば、なんと高さが十二メートル、太さは胸高位で五十センチという巨木もある。みどり艶《つや》やかな厚手の葉と深紅《しんく》の花が、太古地球温暖化の波に乗り、南の国からやってきた流離《さすらい》の歴史を物語る。

　訪れる人も少ない照葉樹林の中で、今もひっそりと息づく能登最果てのヤブツバキ。その自然体が、私たちにとって大切なものは何か？　と、つぶやいているように思うことがある。万事、頭でっかちの世の中になってしまった当世、目に見えるものだけがやたらにはびこり、視界に映らない大切な生命《いのち》が、おろそかにされてはいないか。

　東シナ海で黒潮から分かれた対馬暖流が、日本海に入って能登の沿岸をあらう。能登の最果てにも、南国の息吹《いぶき》はひたひたと押し寄せている。徳保の千本椿が秘める物語こそ、能登の歴史の根幹を成すものだろう。

　うっそうとした社叢《しゃそう》を出て、ラケット道路を車で四～五分上れば、眺望《ちょうぼう》抜群の椿の展望台駐車場に着く。そこからはヤブツバキの原生林を包みこんだ海と山の絶妙な風景を、眼下一望にすることができる。海から上がってくる潮風《しおかぜ》が心地よい。

うっそうとしたヤブツバキなどの原生群落に囲まれた徳保八幡神社＝珠洲市高屋で

「千」の名所 六

千里浜《ちりはま》（羽咋市《はくい》ほか）

車社会 観光の目玉に

千枚田、千刈田《せんがりだ》、千体地蔵、千畳敷《せんじょうじき》、千本椿《つばき》。いずれも「セン」と読みはじめるのに、ここだけは「チ」と発音する。それには、チとばかりワケがある。

千里浜は、輪島朝市や和倉温泉と並ぶ、誰もが認める能登観光名所の御三家の一つ。宝《ほう》達《だつ》志水町《しみずちょう》から羽咋市にまたがる七キロメートルほどの砂浜は、四季を通じて車がひっきりなしに走行する人気の渚《なぎさ》ドライブウエーである。

千里浜の名は昭和二（一九二七）年に改められた。以前は同じ発音だが、漢字で「塵浜《ちりはま》」と書いた。塵のイメージが悪いことと、美しい浜が続くところから、同音の「千里浜」と無難に改名されたようだ。改称の成果が、戦後になって思わぬ先見性となって顕《あらわ》れた。

昭和四十年代に入り、経済成長の追い風を受けて車社会が到来し、大衆旅行時代を迎えた。半島にも想像を超える観光客が押し寄せた。車で波打ち際を颯爽《さっそう》と走ることができる千里浜は、能登観光の目玉として大いにもてはやされた。

塵浜と書いた大正期以前は、塩田や地引き網漁、また海水浴や潮干狩《しおひが》りの場として利用された。同時に浜はそのまま天与の道として、人、馬、籠《かご》などの運行路だった。藩政時代の嘉永六（一八五三）年初夏。加賀十三代藩主の前田斉泰《なりやす》が七百人の供人をつれ、能登巡見に出た折も、長蛇《ちょうだ》の列でこの浜道を通った。

なぜ千里浜だけが、大型観

四季を通じて車でにぎわう千里浜
＝羽咋市で

光バスでも波打ち際を走れるのだろうか？　答えは次の三条件が備わっているからだ。一は砂の粒が極めて細かいこと。二は砂の形が丸いこと。三は波の寄せ返しで、砂を硬くひき締めること。つまり砂粒の間に隙《すき》がないのである。

さらに憎いのは、千里浜が驚くべき悠久の自然循環システムで造成されていることだ。軽いものほど遠くへ飛ばされる遠心分離機の働きで、白山から手取川をへて加賀海岸に出た微粒の砂が、対馬海流と季節風によって、羽咋川手前の千里浜に堆積《たいせき》する。絶妙の自然サイクルに、思わず唸《うな》ってしまうのである。

祭　花　景　冬　史

波の花紀行㊀

アエノコト（珠洲《すず》市）

饗応、田の神への感謝祭

能登地方では古《いにしえ》より、アエとかアイとよぶ幸せを予感させる言葉が、風の名と田の神祭りを通して、今も暮らしの中に生きている。

風の名称では、春から秋にかけて沖から陸地に吹く穏やかな風をさす。方位はおもに北東方面からの風が多いが、人や物を載せた船舶が港に入るのにふさわしい順風追い風を、アエの風とかアイの風と呼んでいる。

田の神祭りでは、奥能登に冬到来を告げる「アエノコト」の奇習が今も行われている。アエは饗応《きょうおう》、コトは神事。田の神へのもてなし祭りで、各家ごとに行われる。早春から晩秋まで田んぼにお出になられ、稲の生育を司《つかさど》ってくださった神様を、十二月五日に主人が丁重におもてなしする感謝祭である。

肩衣《かたぎぬ》姿の主人自らが司祭者となり、枯れ田から家へと神を招き入れる。風呂にご案内した後は、奥座敷に設けた神座で山海里の幸やお酒で饗応《きょうおう》し、豊作感謝を申し述べる。その様子は、眼前にあたかも神様がいるかのように、ジェスチャー入りで言上《ごんじょう》する。アエノコトは祭りの原点といえるもので、民家における新嘗祭《にいなめさい》にあたるものである。

神に捧《ささ》げる馳走《ちそう》も言葉も仕草にも、家々によってしきたりの相違がある。そもそも単身神もいれば夫婦神も、中には子連れの三柱を奉《まつ》る家もある。それは父祖から子へ、そして孫へと直系で受け継がれてきたからだ。標準統一化を全くしないできたので、古態を今によく伝えているのである。

昨今は石川県のみならず、観光・交流の時代といわれる。サービス精神の原型を思わせるアエノコト行事を、今日まで永々と守り伝えてきた能登には、ほかに「土までもやさしい」という言葉もある。となれば、能登は本来「もてなし」を最も得意とするところではないか。アエノコトが「観光サービス」の真義をそっと教えているのだ。米余りの時代になって年々薄れてきたが、アエノコトが秘める奥深い意義は大切にしたい。

ことしの豊作感謝を言上し、田の神に丁重に馳走を献ずる当主＝珠洲市火宮の田中家で

波の花紀行㊁

マガキの里（輪島市）

知恵垣《ちえがき》　強風を微風に

昔ながらの素朴な垣根が、今もゆるがぬ存在を示している。能登外浦のマガキである。一見、単純素朴な竹垣だが、そこにはしたたかな地域人の知恵が秘められている。

輪島市街地の西方向。西保海岸から猿山岬《さるやまみさき》にいたる二十キロメートルほどの海岸線は、奇岩絶壁が続く景勝地で、能登最後の秘境といわれる所だ。その中ほどに大沢、上大沢《かめぞ》の集落がある。マガキの里と呼ばれる両集落は、近年マスコミにもたびたび紹介され、今では個性派旅行者の人気スポットになっている。

日本海中央に龍頭《りゅうず》のように長く首を突き出す能登半島は、大陸からの風の使者を真っ先に迎える風の大地だ。厳しい西高東低の冬型気圧配置が迫ると、きまって海が騒ぎ出し、応ずるように北西の季節風が吹きはじめる。時に台風並みに発展する季節風を、地元ではニシとかウラニシとよんでいるが、近年はしゃれたシベリア颪《おろし》の名も耳にする。

マガキは「籬」または「間垣」と書く。海に向かう屋敷の庭外れに竹垣を張りめぐらせ、強風をやんわりと微風に減速させる垣根である。冬季間、烈風に見舞われる海浜集落の人々が、自然の力に逆らわずに創《つく》りあげた知恵垣である。風をシャットアウトする石垣や板垣ではなく、マガキを通過する間に風の力を削《そ》ぎ、強風を弱風に変えるスグレモノである。

大がかりな規模で集落全体

を覆《おお》うように張りめぐらす両地区のマガキは、頑丈《がんじょう》な木柱を支えに、苦竹《にがたけ》をビッシリと差し込み、内と外から横竹でとめたもの。マガキは一年中張ったままで、それさえも理由がある。

マガキの効用は数えきれない。風と波しぶきから家屋を守り、風や海の轟音《ごうおん》を抑え、乾燥した竹が塩害を防いで湿気番の役割も果たす。夏には西日をいち早く遮《さえぎ》って、暑さをしのいでくれる。防風、防音、防塩、防湿、防暑に加え、今では原風景が貴重な観光資源だ。さらには火災から地域を守る、住民連帯の心の絆《きずな》にもなっているのだから、これはもう凄《すご》い。

大がかりな竹垣が集落全体をすっぽりと覆う西保海岸のマガキ＝輪島市上大沢で

波の花紀行㊂

波の花（輪島市）

厳冬が奏でる風物詩

波の花といえば、食塩の美称としても使われるが、能登では冬の荒海から生まれる白い海水の泡《あわ》をいう。厳冬の大荒れの日には、岩間や波打ち際で風にふるえる波の花をよく目にする。時には強烈な季節風に掬《すく》い上げられ、上空に舞い上がる光景もみられる。

近年、波の花は冬の能登を代表する風物詩としてよく知られるようになった。波の花が生まれる条件はまだ不明な点もあるが、海水に含まれる植物性プランクトンの粘液が、白い泡沫《ほうまつ》を生むようだ。

気温が下がり、岩礁《がんしょう》に打ち寄せる怒濤《どとう》が海水を攪拌《かくはん》するうちに、白泡が生まれ、徐々に増え、量が増えるに従って海岸に寄ってくる。波と風で岸辺に寄せられた波の花は、海岸の道にも這《は》い上がり、路面に堆《たい》積《せき》することもある。その光景を初めて見たドライバーは、えっ雪？と見まちがえて慌《あわ》てたりする。

波の花の探勝地で知られる輪島市曽々木《そそぎ》海岸に住む私は、日々の早朝散歩を習わしにしている。海辺の冬道を歩いていると、家並みを越えて波の花が乱れ飛ぶのをよく見る。かと思えば大きな波の花のかたまりが、ふんわりと路上数メートルの空中で、しばらく動かないでいる光景にも出合ったりする。

旅人には珍しがられ、もてもての波の花だが、ワルの一面もある。自慢のコートやセーターに付着してシミをつけ、若い

荒海から生まれる波の花は、冬の能登の風物詩＝輪島市の曽々木海岸で

娘さんらをがっかりさせることもある。

誰が名付けたのか―波の花。洒落《しゃれ》たネーミングではないか。古今集には「草も木も色かはれどもわたつみの波の花にぞ秋なかりけり」と詠《よ》まれているが、地元では文化十四（一八一七）年の初冬、能登を一巡した加賀藩士田辺政巳の『能登日記』の中に見える。

曽々木から真浦、仁江《にえ》へと旅を進めるくだりに「海辺岩間に波の白沫颪にて吹きあがる。面白し。時国や夕べの颪に海あれて波の花ちる仁江の砂地」とある。私の知る限りだが、これが波の花の初見である。

祭　花　景　冬　史

波の花紀行 四

アマメハギ（輪島市・能登町）

災厄《さいやく》祓《はら》う迎春行事

新しい年を迎えるその前夜。地元の青年や少年たちが扮《ふん》する、奇怪ないでたちの来訪神が家々を巡る。新しい年とは元旦や七日正月、十五日の小正月や立春で、その前日にあたる大晦日《おおみそか》や一月六日、十四日、節分には、恐ろしい仮面仮装のアマメハギが出る。

アマメは炉裏《いろり》や炬燵《こたつ》にあたってばかりいると、足のすねなどにできる赤あざ状の火斑《ひまだら》のこと。怠《なま》け者の証《あかし》のようなアマメを庖丁《ほうちょう》で剥《は》ぎにまわるアマメハギは、子供を脅《おど》すことや、異様な面を尊称するところから、アマメオドシとかアマメンサマともいう。かつては能登の沿岸地域で多く見られたこの年中行事も、今では輪島市の皆月《みなづき》地区や能登町秋吉《あきよし》など、数カ所の集落に伝わるのみになった。

一月六日の夜。能登外浦の輪島市門前町皆月集落では、若者たちがアマメハギに変じて百数十戸の家々を巡る。一行は手に幣《へい》を持つ狩衣《かりぎぬ》姿の天狗《てんぐ》、鼻ペチャ面をつけて鑿《のみ》と木槌《きづち》をもつ阿吽《あうん》のガチャ二人。他に、もらった餅《もち》を入れる大袋を背にするサル面の計四人。家に上がりこみ「怠け者はおらんか！」と声を荒らげ、幼児のいる家では「親の言うこと聞かんもんはおるか！」と脅《おど》すなどする。

一方、内浦の名勝で知られる九十九湾《つくもわん》に近い能登町秋吉では、節分の夜にアマメハギが出る。こちらは少年少女が扮《ふん》する可《か》愛《わい》いアマメハギで、二組に分かれて家々を巡回する。鬼の面をつけて蓑《みの》をまとい、把手《とって》をつけた竹筒や棒・槍《やり》・庖丁《ほうちょう》などを手にする一団は、夜道を「アマメ！」「アマメ！」と口にしながら各戸を巡る。家人から飴《あめ》や小銭をもらうと、暗い道をたどって隣家へと移動する。

能登のアマメハギは新しい年を迎える年越しに、来訪神が家々を訪れ、災厄《さいやく》を祓《はら》い、海の彼方《かなた》へ帰って行くというイメージを抱かせる。同じ日本海に突き出た秋田県の男鹿《おが》半島では、同種のナマハゲが小正月に出る。常世《とこよ》の波が打ち寄せる能登と男鹿。往古からの半島交流が見え隠れして興味をそそる。

少年たちが扮するアマメハギ。恐ろしい仮面仮装に、あどけなさがのぞく＝能登町秋吉で

波の花紀行 五

面様年頭《めんさまねんとう》（輪島市）

漁師町を巡回 厄《やく》払《はら》い

その昔、面様《めんさま》が行く先々で、遠巻きに見ながら子供たちが唄《うた》ってはやしたてた。「♪面様ござった、どこまでござった、ごろごろ山の下までござった、土産は何や」

一月十四日の日中。奇怪な面をつけた夫婦の面様が、奥能登外浦きっての漁師町・輪島崎町内の二百戸余りの家々を、一軒一軒巡回する。輪島崎は市街地の西北に突き出た、竜ヶ崎を背にする漁業の町。その中ほどに輪島前神社が鎮座《ちんざ》する。来訪神事の面様年頭は、同種のアマメハギ行事とともに、国の重要無形民俗文化財に指定されている。

一月十四日の朝。輪島前神社でお祓《はら》いを受けた夫婦の面様は、冷たい潮風《しおかぜ》が吹きぬける小正《こしょう》月《がつ》前日の家々を、厄《やく》払いをしてまわる。

近年、面様を務めるのは小学生の四人の男子。男面は茶色の大黒頭巾《だいこくずきん》に串柿《くしがき》面をつけ、女郎面は赤頭巾を被《かぶ》る。共にかく衣と差袴《さしばかま》を着け、手に榊《さかき》の小枝をもつ。ほかの二人は袋持ち役で、午後からは面様役と入れ代わる。

家の前に立つと、面様はバシッバシッと榊で強く玄関戸を叩き、案内もないままに座敷へ上がりこむ。灯明《とうみょう》のあがる神棚を背にして、用意の座布団に正座する。塗り盆にのせた祝儀の初《はつ》穂《ほ》袋が差し出され、主人の「面様おめでとうございます」という挨拶《あいさつ》を受けると、無言で家を立ち去る。面様は各家に出入りする間、一切言葉を交わさない習わしだ。

輪島崎では山側から海側へと回る十四日を「おいで面様」、逆にめぐる二十日を「おかえり面様」と呼んでいる。大きな括《くく》りでみると、面様年頭もアマメハギと同種同性格の来訪神事である。中世から続くといわれる面様行事を今も守り伝えているのは、何ごとにも神仏への崇敬《すうけい》が篤《あつ》い土地柄がある。土地人は「面様が来んと松飾りがとれん」と言う。面様行事が終わると正月飾りを撤去し、翌十五日の左義長で焼く。これが当地の生活暦なのだ。十四日は輪島市内の重蔵宮の面様も、河井町内をくまなく巡回する。

小正月前日の14日、夫婦の面様が200戸余りの家々を厄払いして歩く
＝輪島市輪島崎町で

祭　花　景　冬　史

波の花紀行 六

曽々木寒中みそぎ（輪島市）

寒潮浴び地域発展願う

つのるシベリア颪《おろし》、鉛色の空。凍《い》てつく渚《なぎさ》に次々と押し寄せる白い波涛《はとう》。岩打つ波は激しく砕け乱れ散る――冬ざれの日本海。曽々木《そそぎ》寒中みそぎフェスティバルは、毎年寒中さなかの一月第三土曜日の午後に開かれる。舞台は輪島市の東端、国の名勝天然記念物・曽々木海岸の窓岩ポケットパーク。午後、地元の主婦たちが大鍋《おおなべ》で魚のすり身を入れた団子汁を炊き、男《た》たちが餅《もち》つきなどをするうちに、海を背にする特設舞台では郷土芸能が披露される。白眉《はくび》は御陣乗太鼓《ごじんじょだいこ》だ。奇怪な鬼面装束《しょうぞく》の男たちが、地鳴り海鳴りもろともに、寒空を打ち破って激しく打ち鳴らす。古《いにしえ》より名舟《なぶね》集落に伝わる石川県無形文化財の太鼓は、近年全国的に沸き上がった和太鼓ブームのさきがけ役をはたした。その足跡も巨大な戦陣太鼓だ。

午後三時。この日のメーンイベント、寒中の海に禊《みそ》ぎする神《み》輿《こし》が入場する。神職の清め祓《はら》えの式が済めば、直会《なおらい》の冷や酒を口に含み「ソレッ！」の掛け声で浜におりる。担《かつ》ぎ手は下帯姿の曽々木青年団員ら十数名。白波の帯が割れる汀《みぎわ》を何度も行き来する間、若い衆は飛び散る寒潮を浴びながら、世界平和、無病息災、地域発展の願いをこめて威勢よく神輿を担ぎ回る

その昔、六月晦日《みそか》には近在二十一社の神輿が、曽々木の海に入って「ミソギ」をしたという伝承がある。半年の災厄《さいやく》を浄化力抜群の海水で清める水無《みな》月《づき》の祓《はら》えが行われていたことを窺《うかが》わせるものだ。曽々木の地名は、ミソギが訛《なま》ってソソギになったという説もある。

昭和六十三（一九八八）年から始められた寒中神輿渡御《とぎょ》は、地域の活力がふさぎこむ冬起こしの事業として、夏・冬逆転の発想による地名由来伝説をもとに始められた。今ではこの地域が脚光を浴びる最大の行事になった。

翌朝、窓岩前の砂浜で、菅笠《すげがさ》に黒マントをまとった地元の高野山真言宗檀信徒《だんしんと》ら一行が、鈴を鳴らし、御詠歌《ごえいか》を唱えて寒修行する。

若者らが厳寒の海に神輿を担ぎ出す寒中みそぎフェスティバル＝輪島市の曽々木海岸で

冬に幸あり 一

鱈《たら》（珠洲《すず》市）

雪夜の至福の味

雪降る夜の馳走《ちそう》は、なんといっても鱈《たら》である。コツケの刺し身に紅葉おろしでいただくダダミ（白子）の酢の物。粕汁《かすじる》はからだの芯《しん》まで温まるし、チリ鍋《なべ》もこたえられない。四季の中でも、冬はとびきりの海幸の季節だ。

首都圏から能登に移り住み、初めて冬を迎えた昭和四十四（一九六九）年のある夜のこと。大きな丼の蓋《ふた》を開けてビックリした。熱々の粕汁の湯気の中から、鱈が私を睨《にら》みつけていた。その時は仰天《ぎょうてん》したが、今では懐かしい思い出になっている。

鱈は頭から尻尾まで、余すところなく賞味できる。魚へんに雪と書くように、大雪の年は大漁といわれ、その身も雪のように白い。オス鱈は身がうまく、メスは卵の真子《まこ》が貴重品。こなごなになるまで混ぜ合わせて煎《い》った真子を、オスの身にまぶして食べるのがコツケの刺し身。味付けしたタレでいただけば、これはもう至福の味うけ合いである。

その冬以来、私は鱈のとりこになった。柔らかで白い肌は人が好むだけではなかった。珠洲《すず》市片岩町のたたき堂祭りでは、狒々《ひひ》に御供《ごくう》する神饌《しんせん》は雪肌をもつ鱈なのだ。

鱈につながる思い出は尽きない。十年前に他界した福井生まれの叔母のこともある。娘時代に上京し、父の弟と結婚して都内で自動車業を営んだ。戦後は生家に近い大原町（現・千葉県いすみ市）で暮らした。鄙《ひな》にはまれな利発で粋《いき》な叔母も、叔父に先立たれた数年後の米寿のころは、寝込みがちになっていた。

平成九（一九九七）年一月。日本海の冬の鱈を食べたい…と、叔母の依頼が舞い込んだ。数日過ぎて雪が降った。能登町の宇《う》出津《しつ》港で水揚げされた布袋様《ほていさま》のような鱈を、私は丸ごと一匹、宅急便で送った。二日後に叔母から電話が入った。「朝雄ちゃんありがとう。私しゃ明日死んでもいいわ」と笑わせたが、それから二年も生き延びた。叔母は娘のころに食べた鱈の味に、福井の故郷を重ねていたのだろう。

鱈はたらふく食べるがいい。気も体も、まろやかに温かくなってくるからだ。

狒々に差し出す御供に鱈を使う「たたき堂祭り」＝珠洲市片岩町の白山宮で

冬に幸あり㈡

鰤《ぶり》（七尾《ななお》市）

寒波　豪快な出生魚

夜中に雷が鳴り、みぞれが降れば翌日は大漁…と地元ではいう。回遊の予兆《よちょう》とされる気象現象を「鰤起《ぶりお》こし」と呼ぶ。轟《とどろ》きわたる雷鳴と寒波襲来に群遊する魚影が響き合うとは、実に豪放《ごうほう》無比な諺《ことわざ》ではないか。

味も風格も魚の師にかなうと賞賛され、越中氷見から能登内浦にかけて水揚げされる鰤の評価はすこぶる高い。出世魚の代表格で、成長につれて呼び名も変わるので、歌舞伎役者や噺家《はなしか》のようなものだ。東京ではワカシ・イナダ・ワラサ・ブリと言ったが、能登ではコゾクラ・フクラギ・ガンド・ブリと出世名が変わる。縁起をかついで、フクラギを「福良来」の字を当てた藩政期の字例もある。

かつて越中や能登でとれた寒鰤《かんぶり》は、塩鰤にして飛騨《ひだ》から信州松本へと運ばれた。その道は今も「鰤街道」の名で留《とど》めている。また娘の嫁ぎ先へ一匹贈ると、半身が返る歳暮鰤《せいぼぶり》の習俗もあり、両家安寧《あんねい》の絆《きずな》にもなった。

大根おろしで賞味する脂《あぶら》ののった刺し身や、分厚く切った照り焼き・塩焼きの味は、豪快のひとことにつきる。鰤大根や鰤なますも捨てがたく、照り焼きをのせたご飯の上に熱々の茶をかけた鰤茶漬けも逸品《いっぴん》だ。

醍醐味《だいごみ》をいただくのは人間だけではない。奥能登の奇習アエノコト（饗の事）で、田の神様に献上する海の幸に、鰤を用いる家も少なくない。でかい頭を丸ごと焼いた甲《かぶと》焼きや、炊《た》いた甲煮で忘れられない思い出がある。

平成九（一九九七）年秋から十年冬にかけて、金沢市内に入院した。退院間近に主治医から体験外泊を勧められ、近くの内灘町福祉センターに投宿した。じんのびと温泉にひたり、広い浴槽内でゆっくりと手足を伸ばした後に食卓についた。

なんとそこには、炊いた鰤の頭がドカンと大皿に盛られていた。それを見た私は、思わず「銚子一本！」と自分でもびっくりするほどの大声で燗《かん》酒を注文した。その折はぐいのみ一杯半で酩酊《めいてい》したが、確実に快方に向かっていることを私は実感することができた。

水揚げされた脂ののった冬魚の王者・寒鰤
＝七尾市佐々波で

冬に幸あり ㈢

岩海苔《いわのり》（輪島市）

絶品 危険と背中合わせ

冷たい波しぶきが打ち寄せる岩礁《がんしょう》の上で、地元の主婦たちが黙々と海苔《のり》をつむ。指先でつんでは竹で編んだ小ざるに載せ、たまれば腰につけた藁《わら》編みのカガリへ移す。その間、たえず波の動きに目を配る。冬の荒磯《あらいそ》に生える海苔採りは、危険と背中合わせの仕事なのだ。波にさらわれて命を落とした悲劇は、あちこちの浦辺で聞かされてきた。

「ここでも二人が犠牲になっとるわ。波に注意が足らん人がさらわれますんや。波は七枚続き。二、三枚目が大きんや。戦後初めて海苔採りに出た娘のころ、母親から波の動きに気いつけやと、くどく言われたもんや」

輪島市曽々木《そそぎ》海岸に住む、海苔採り歴六十年という佐竹勝子さんの話である。「そやけど、海に出ると気持ちがスーとするもんや。好きやから今も折々海に出てるんや」

岩海苔は主に志賀町《しかまち》の能登金剛から珠洲《すず》市にかけての外浦で採れ、数ある冬幸の中でも、とりわけ美味《びみ》貴重なものだ。摘《つ》みとったばかりの海苔を海水ですすぎ、分厚い大せんべいのような形にしたのをボタといい、竹簀《たけす》に張って四角く乾燥させたのをオシキと呼ぶ。

曽々木ではボタ海苔をのせた雑煮を元旦にいただく習慣があり、これを食べないと新年を迎えた気がしないという人もいる。大ぶりのお椀《わん》の蓋《ふた》を開けると、湯気から日本海の香りがプーンと鼻につく。薄口醤油《しょうゆ》

厳しい冬の岩場の上で、岩海苔を採る主婦たち＝輪島市上大沢で

に昆布の出し汁。そこに湯がいた丸餅《まるもち》を入れ、その上に炙《あぶ》ったボタをまぶす。姿もかたちも上品そのもので、風味も満点、とびきりの雑煮である。

ボタは炙《あぶ》ると香りも甘味も増す。雑煮や粕汁《かすじる》、澄《す》まし汁に最適で、味付けしたコンニャクに和《あ》えれば絶品ものだ。オシキは炙って甘口醤油につけて食べる。ご飯のおかずにも酒のツマミにも乙《おつ》な味。保存が利くので重宝がられ、都会に出た家族に送る家も多い。

他郷に出た人には、荷物の中からあらわれるオシキ海苔は、懐かしい潮《しお》の香につつまれた生まれ在所のふるさとと便なのだ。

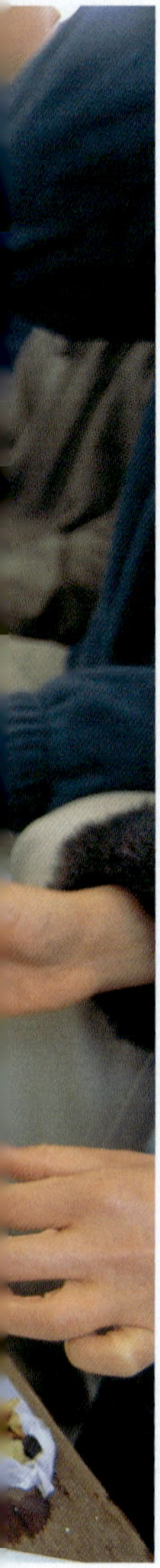

冬に幸あり 四

焼きカキ（穴水町《あなみずまち》・七尾市《ななお》）

海の〝ミルク〟たまらぬ野趣

冬も波静かな七尾西湾から穴水湾。湾内に牡蛎《かき》棚が浮かぶ眺《なが》めは、自然と人の営みがひとつになった滋味《じみ》あふれる光景だ。

　ここが能登名産養殖カキのふるさとである。近ごろはノロウイルスの流行で、関係者は風評被害払拭《ふっしょく》にやきもきだ。私は…といえば、大好物なので絶好のチャンスとばかり、師走《しわす》前から海のミルクを堪能《たんのう》している。

　カキ食えば…鐘《かね》こそ鳴らないが、おもわず顔がほころんでくる。近年は火を通した料理を主に食しているが、以前は潮《しお》の香満載の剥《む》きたてカキを、まずはペロリと胃袋へ直送するのが常だった。紅葉おろしとポン酢でいただく酢カキも妙味だ。能登に住んで四十年になるが、冬には供養をしないとバチがあたる？ほどカキを食べてきた。熱々のフライや鍋《なべ》もいいが、酒蒸しやカキグラタンも美味《うま》い。澄《す》まし汁の風味は品格さえ感じるほどだ。

　カキは天然ものに限るというこだわり派もいるが、私は養殖カキのほうが口に合う。天然夏カキを柴垣《しばがき》海岸で時折いただくが、冬季の焼きカキに勝るものはない。なぜだろう？と考えてみた。私なりの結論はこうだ。第一に腹いっぱい食べる満足感。第二は炭火と焼きカキで体も心も熱くなる。第三に、わいわいお喋《しゃべ》りしながら賞味する雰囲気がいい。さらに、プシューと湯気の出た殻《から》カキを自らナイフでこじ開け、すするように食べる野趣がたまらな

い。こんなに食べたの?…と、空けた殻の山を見て「何とハシタナイ」と言いながら、顔はいたって満足げな女性をよく見かける。

師走にカキ鍋をつついていると、電話が鳴った。焼きカキを食いに行くぞ—と、東京に住む旧友の声が弾んでいた。娘夫婦ともども四人で来るという。数年前、雪の奥能登を巡った折に食べた焼きカキの味が忘れられなかったのだろう。東京がぐーんと近くなった今、誰にも「焼きカキを食べに来んけ」と話している。それもカキと能登空港のお陰《かげ》である。

七尾市と穴水町の特産「養殖カキ」のイベントには、例年多くの焼きカキファンが集まる＝穴水町で

能登に見えた三客人 一

大伴家持《おおとものやかもち》

うた人国守の巡歴

　万葉末期を代表する歌人で、大伴家一門の嫡流《ちゃくりゅう》家持が、越中国守として春の能登路を一巡した。三十二歳の折である。名門貴族の地方長官が能登四郡を巡ったのは、およそ千二百六十年前の奈良時代末期。当時、能登は越中国に併合されていたので、家持は能登と越中を合わせた知事職のような立場にあった。

　国府は現在の高岡市伏木《ふしき》の勝興寺《しょうこうじ》近くにあった。巡見目的は春の出挙《すいこ》で、領民に官稲《かんとう》を貸しつけて後に利子稲をとるという、半ば官制高利貸のような役目と管内視察をかねていた。越中氷見から臼《うす》が峯《みね》を越えて能登入りした家持は、気多大社《けたたいしゃ》を参拝して七尾に出た。

　そこからは船で中島へと向かった。七尾西湾を行く家持が瞠目《どうもく》したのは、沿岸部を覆うツママ（タブノキ）などの照葉樹林の眺《なが》めだった。その感動を「鳥総《とぶさ》立て船木《ふなぎ》伐るといふ能登の島山　今日見れば木立《こだち》繁しも幾代《いくよ》神びそ」と歌った。当時は、現在の針葉樹中心の植生とは全く異なり、沿岸部は鬱蒼《うっそう》と繁《しげ》る常緑広葉樹に覆われていた。能登は国の重要な船木材の供給基地だった。

　さらに熊木川沿いを進み、半島を横断し、今の輪島市門前町剣地《つるぎじ》に出た。輪島、町野、珠洲《すず》正院へと順次役目を果たしながら巡歴した。出挙《すいこ》の役務を終えた家持一行は、朝に珠洲を船出し、夕べには七尾湾内とみられる長浜（特定不明）で船泊まりとなった。そこでは「珠洲の海に朝びらきして漕《こ》ぎ来れば　長浜の湾《うら》に月照りにけり」と詠んだ。

　万葉集中に最多の作品が収められ、編纂《へんさん》にもかかわったとされる大伴家持は、陸奥《むつ》の地で六十八歳の生涯を閉じたという。死去する二十五年前から、歌作の糸もプツリと切れた。名門出身であるがゆえ、晩年の影は淋《さみ》しさがつきまとう。その家持の生涯で最も輝いていたのが、三十代前半の五年間の越中国守時代だったと思われる。その間に詠んだ歌は二百二十首あまり。能越の鮮烈な風土に触発され、身も心も歌づくりも勇躍したのだろう。

家持が初めて能登に入った臼が峯から羽咋の海を望む＝宝達志水町で

能登に見えた三客人 ㊁

前田斉泰《まえだなりやす》
能登を一巡した藩主

時は藩政末期の嘉永六（一八五三）年旧暦四月四日。加賀百万石十三代藩主の前田斉泰《なりやす》は、七百人余の供を連れて能登巡見の旅に出た。行程は二十二日間の長丁場《ながちょうば》。藩の財政は当時火の車だった。しかし領国沿岸でも異国船を見たという通報が度々あり、幕府にも沿岸視察を約束していたので巡見が実現した。歴代藩主の中で能登を一巡したのは、後にも先にも斉泰のこの折の巡見だけである。

初日は金沢城から津幡《つばた》・高松を経て、能登街道の追分今浜宿で宿泊。以後外浦路を安《あ》部屋、富来《とぎ》、黒島、和田、大沢、輪島、時国、大谷に泊まり、十日目は半島先端の狼煙《のろし》を回って寺家《じけ》泊まり。内浦路に入り宗玄、小木《おぎ》、宇出津《うしつ》、甲、中居、中島、七尾で泊まり、さらに崎山半島をぐるっと回って越中境まで行き、折り返して山崎で宿泊。次の日は石動山《せきどうさん》越えで武部泊。荻谷《おぎのやち》、北川尻に宿り、最終日の二十二日目は津幡で昼食をとり、上々機嫌《きげん》で金沢に帰城し、能登巡見を終えている。

当時、国内は勤皇佐幕《きんのうさばく》の対立で大揺れし、加賀藩は構造的な財政危機に陥っていた。そこで行われた藩主斉泰の長期巡見は、いったい何を意図していたのだろうか？

表向きの目的は台場（大砲設置場）や御蔵《おくら》（藩米保管庫）、武器倉、駒《こま》の見聞、遠見番所、灯明台などの海防視察だが、巡見のなかみはそれよりも、能登の風物・産物に貪欲《どんよく》な興味を抱いて子細を見聞している。奇瀑《きばく》四滝を訪ね、四種の漁業視察、別所岳や石動山にも登り、巡見先の各地で特産品をつぶさに見聞し、食している。

さらに沿道に出た元気な九十歳以上の高齢者にねぎらいの声をかけ、子女には随所で濃《こま》やかな心配りをみせている。多数の寺社参詣《さんけい》や民俗にふれ、書画に造詣《ぞうけい》の深い文人藩主は、赤崎では満開のキリシマツツジを愛《め》で、正院では百姓能を見聞し堪能《たんのう》している。

こうみると海防視察の機会に、能登を活《い》かした藩の経済改革をもくろんでいたとも考えられる。単なる大名旅行ではなかったろう。

奥吉田と笠師間に残る往時の「殿様道」
＝七尾市中島町で

祭　花　景　冬　史

能登に見えた三客人㊂

ローエル
米国人が見た明治の能登

明治二十二（一八八九）年五月八日。一人のアメリカ人が荒山峠を越えて能登路に入った。男の名はパーシバル・ローエルで、東洋通でも知られる著名な天文学者。ボーイ兼コックの栄次郎を伴い、五月三日に上野駅を発《た》ち、直江津《なおえつ》までは汽車の旅。そこからは当時普及めざましい人力車を継いで越後の親不知《おやしらず》を越え、能登入り前夜の七日は氷見《ひみ》に泊まった。

能登における足跡は二泊三日と短いが、風刺のきいた著作の紀行『能登』によって、当時の活《い》き活《い》きとした様子が私たちの眼前に現れる。能登の紀行文芸史上、無二の作品だろう。（宮崎正明氏の日本語訳がある）

コースを追うと、荒山峠を下り、芹川から馬車で七尾を経て和倉温泉に投宿。翌九日は小型蒸気船で穴水へ。着岸前に見たイサザ（しろうお）やボラ漁の風情に、異常な関心を寄せている。宿に入って昼休みをとり、午後から小型和船をチャーターして、夜遅く七尾港に着き宿泊。十日は田植え最中の東往来を、人力車のリレーで能登路を駆け抜けて行く。

紀行を読めば、当時の能登を切り取った絶妙な記述にたびたび出合う。近代初期に世界を巡り、宇宙の果てに思いを馳《は》せたローエルが観《み》た能登見聞記が、タイムスリップの旅へと誘ってくれる。その妙技はローエルのたぐい稀《まれ》なる詩魂があやつる業《わざ》であろう。

「ふとした思いつきで能登へ

ローエルがつよい関心を示したボラ待ち櫓
＝穴水湾で

出かけることにした。これは一目惚《ほ》れと言うやつで」と、能登への旅の動機を述べる切り出しが、なんとも痛快で素晴らしい。東京で日本地図を眺《なが》めているうちに、能登に行く気になったというのである。作品中私が最も惹《ひ》かれるのは、人力車からみた能登の田園風景だ。

茅葺《かやぶ》き農家はまるで「地から生えている」ように見え、付近には種々の草花を「ぼうぼうと生《お》い繁《しげ》らせている。家の住人は、きっと毎日を満足している人なのだろう」という記述である。クリスチャンのローエルは、当時、家人が毎朝仏壇や墓に草花を供えるしきたりがあったことを、知る由もなかったろう。

平家伝説 一

時忠の墓所（珠洲《すず》市）

流人《るにん》主従癒やす静寂

　もののけの語りを琵琶《びわ》の響きにのせ、平家鎮魂《ちんこん》を法師が奏《かな》でた平家物語。巻十二の「平大納言被流」の章に、次のくだりがみえる。「昨日は西海の波の上に漂いて、怨憎懐苦《おんぞうえく》の恨《うらみ》を扁舟《へんしゅう》の内につみ、今日は北国の雪の下に埋《うも》れて、愛別離苦のかなしみを故郷の雲にかさねたり」と。

　平家にあらずんば人にあらず、と栄華を誇った平家一門の重鎮大納言時忠卿《きょう》が、文治元（一一八五）年に流されて能登入りした。荒波が岩に砕ける辺境住まいは、都暮らしの貴人には苦痛の日々だったようだ。「白波の打ち驚かす岩の上に寝らえで松の幾夜経ぬらん」と、望郷の想いを重ねて配流地を歌った。

　大谷浦から二キロメートルほど山間に分け入った則貞《のりさだ》（現在の珠洲市大谷町）の地が、時忠の終《つい》の住処《すみか》となった。小流の烏川《からすがわ》沿いに水田が拓《ひら》かれた谷間に、時忠主従の墓を代々守り伝える時忠末裔《まつえい》の則貞家がある。屋敷の近くには山口誓子《やまぐちせいし》の「白波の…」の歌碑が立つ。

　時折、時忠終焉《しゅうえん》の地をぶらついている。すでに八百年の星霜《せいそう》をへた配流《はいる》地跡は、早春にはヤブツバキが咲き、春から秋の収穫期が終わるころまで、時節の野の花がほころぶ。蝶《ちょう》や鳥、蜻蛉《とんぼ》や虫たちが、自由に飛び交うばかりの桃源郷といいたい静寂な境地である。

　時忠主従が他界しても、それぞれが簡素に埋葬されたこ

とだろう。後の世に、配流先で露《つゆ》の命となった主従をいたみ、ねんごろに葬りたいとする篤《とく》志《し》家《か》により、格式を整えた五輪の塔墓を建てたものと思われる。

　大谷町から国道249号を大谷峠へ上る途中、則貞のバス停標識が見えてくる。沿道には駐車場も整備され、時忠主従の墓がある配流地跡へは階段状の遊歩道を下りる。バス停付近に整備された園地には「水《み》漬《つ》き田の墓の上なる大納言」（沢木欣一）と「磯波の昏れても白し時忠忌」（千田一路）の句碑が並び立つ。能登に散った流人主従への鎮魂を詠じた、両俳人のあつい想いが胸をうつ。

ツバキなどの木々に囲まれて眠る時忠主従の墓＝珠洲市大谷町則貞で

平家伝説㊁

時国家《ときくにけ》（輪島市）

平家末裔《まつえい》の名家

　輪島市東部の曽々木《そそぎ》海岸に流れる町野川河口近くに、上様・左門様、下様・藤左衛門様と尊称されてきた二軒の時国家が建つ。古《いにしえ》より平時忠筋目《すじめ》の家と伝えられ、川上の家を上《かみ》時国、川下の家を下《しも》時国という。両家とも建物が重要文化財、庭園が国の名勝という能登きっての名門の家柄である。

　先祖の時忠没後の三百年余りのことは謎《なぞ》めいているが、十五世紀後半になると逞《たくま》しい時国の顔があらわれる。日本海と時代の彼方《かなた》を見据《みす》えた開拓者としての顔である。

　前田利家が能登二国を得る百年前。時国家は水運に利便な町野川河畔《かはん》に、二百数十坪もの巨大な母屋《おもや》などを維持していた。そこには荘園支配の名残《なごり》をとどめる名主《みょうしゅ》としての存在が窺《うかが》える。その膨大な経済基盤を支えたのは、田畠山林ではなく、近くの曽々木湊《そそぎみなと》を拠点にした、回船による日本海交易だったという。

　藩政前期。十二代当主の藤左衛門時安は、複雑な土地支配や時代の推移を見透《みす》かすかのように、家を二分して加賀藩に与《くみ》する家を川下に構えた。膨張を続ける家の、将来起こるであろうとり潰《つぶ》しや、天領・藩領の二重支配を視野に入れた英断だったのかもしれない。

　幕末近く。河畔の古屋敷から現在地に、豪奢《ごうしゃ》な家を新築した天領庄屋の二十一代当主左門は、安清丸など五艘《そう》の船を駆使して北前船交易を果敢に行い、家に巨富をもたらした。多角経営企業家としての時国の顔は、後に襖《ふすま》の下張り文書から顕《あらわ》れたという。十三代加賀藩主の能登巡見八日目には、完成間際の上時国家に泊まった。豪邸に藩主の斉泰《なりやす》公もさぞびっくりしたことだろう。地元では「左門様が建てた紫宸殿《ししんでん》」と噂《うわさ》が飛び交った。

　時国家の歴史を貫いてきたのは、進取の志向・開拓魂である。四十年前に首都圏から時国家の近くに移り住んだ私は、上下両家の先代当主恒太郎さんと宏さんに大変お世話になった。お二人の底抜けに明るい、気品あふれるお人柄は忘れられない。両家は能登が誇る名家だが、私には忘れじの恩家である。

藩政末期に28年の歳月をかけて建てたとされる上時国家＝輪島市町野町で

瑞鳳舞朝陽

祭　花　景　冬　史

日和山《ひよりやま》めぐり 一

福浦《ふくら》（志賀町《しかまち》）

遊女情話も残るかつての大湊《おおみなと》

「♪能登で名高い福浦《ふくら》の港入口二つで澗《ま》は二つ」と切り出す船方節が、北前船時代の賑《にぎ》わいを今に伝えてくれる。後半のくだりから結びには「日《ひ》和山《よりやま》から沖見れば　どこの船か知らねども　三味の糸ほど帆《ほ》をまいて取舵《とりかじ》面舵《おもかじ》ようそろと　福浦港へそよそよと」と、津入りのようすが唄《うた》われている。奥深い入り江に恵まれた志賀《しか》町《まち》の福浦港は、能登屈指の港町として栄えた輝かしい歴史がある。

北前船の華やかな時代をさかのぼること千年。奈良末期から平安初期にかけて、渤海《ぼっかい》国との交流の玄関口にもなったのが福良津《ふくらつ》（福浦の古名）である。天平宝字七（七六三）年に福浦から出国した折の船の名は「能登」。命名の由来は、高爪山周辺の樟《くす》やタブノキなどを伐《き》り出して、能登で造船したからとみられる。

時代は下り、北前船が大きな帆を孕《はら》ませて日本海を往来した藩政期。福浦港は再び活気を取り戻す。三百年ほど前に著《あらわ》された『加越能大路水径』には、福浦は北陸第二の大湊《おおみなと》と紹介されている。ちなみに第一は敦賀《つるが》で、第三は三國《みくに》と紹介されている。

福浦は南に大澗《ま》、北に水の澗という二つ天与の入り江に恵まれ、風向き次第でどちらにも入ることができた。日和山には灯明台が設けられ、諸国回船の夜の航行目印になった。さらに二十軒もあったという船宿には、日和見《ひよりみ》に長《た》けた主人もいれば、ゲンショと呼ばれた遊女も多く出入りした。

少し離れた松林の中に、通称「腰巻地蔵」と呼ばれる石の地蔵が立つ。遊女たちが馴染《なじ》みになった客の出船を止めようと、こともあろうに身に着けた腰巻を地蔵様に被せたという。そうすると海が荒れるという俗信が、彼女たちにとっては頼みの綱だった。

日本の寄港地の中には、ほかにも地蔵さんを縛ったり、けっ転がしたりして怒らせ、遊女らが出船を阻止したという話もある。鰯《いわし》の頭も信心から…というが、地蔵さんにははた迷惑な、悲喜こもごもの港町情話だ。

藩政期にあった灯明台に代わって、明治9（1876）年に建てられた日本最古の旧福浦灯台＝志賀町福浦日和山で

日和山《ひよりやま》めぐり 二

輪島（輪島市）

健在！ 沿岸漁業の大基地

平成十九（二〇〇七）年三月二十五日。漆器と朝市で全国に知られる輪島市に、能登半島地震が襲った。輪島の名がさらに広まってしまったが、天災で知名度が上がるのは、なんともやりきれない。この世で一番怖いものの譬《たと》えは地震だが、いきなり激しく揺さぶられた体験者なのでよく分かる。ところが、その時間に漁で沖に出ていた知人が戻り、何かあったの？とキョトンとしていた。海上で最も恐れるのは悪風なのだ。まして風頼りの帆船《はんせん》時代なら、なおさらである。

輪島の漁どころは輪島崎。鎮守の輪島前神社の背後には、現在は竜ケ埼灯台が立つ展望の佳《よ》い日和山《ひよりやま》があり、近くに享和四（一八〇四）年の方角石《せき》がある。日和山は天候や船の出入りを見る小高い山のことで、方角石は風向きや時刻を知るための必需設備である。日和山と方角石は重要な寄港地だったことを証明する二枚看板のようなものだ。

輪島港はかつて「親の湊《みなと》」と呼ばれた。室町時代に編纂《へんさん》された海法「回船式目《かいせんしきもく》」には、「三津七湊《しんそう》」の一つに輪島の名がみえる。ちなみに三津は、伊勢・博多・境。七湊は越前三國《みくに》、加賀本吉（美川）、能登輪島、越中岩瀬、越後今町（直江津）、出羽秋田、津軽十三湊。七湊は北陸から東北の日本海航路の拠点港で、輪島は能登国の寄港地として、重要な位置づけがされていた。おけさ節に「佐渡は四十九里波の上」と唄《うた》われたのは、輪島から佐渡小木《さどおぎ》までの距離をいう。

北前船時代に風待ち港として賑《にぎ》わった様子は、藩政期の紀行文などにもよく見える。特産の輪島漆器を津々浦々に運び、市場開拓ができたのも北前船の寄港地だったからだ。この地に伝わる「輪島まだら」を聴けば、海の男たちが命をかけて日本海を往来した心意気と波の音がオーバーラップしてくる。

数百艘《そう》の漁船を繋留《けいりゅう》する沿岸漁業基地の輪島港は、鮮度の高い魚貝類を市場に出す漁どころとして、現在もすこぶる健在である。

春の日和山遠望。灯台の向こう側下に輪島港がある＝輪島市袖ケ浜で

日和山《ひよりやま》めぐり㊂

曽々木《そそぎ》（輪島市）

繁栄と衰退の川港

輪島市東端に位置する曽々木海岸は、シンボルの窓岩や千体地蔵、福ケ穴や垂水《たるみ》の滝などの奇岩奇勝で知られる国の名勝天然記念物地域。窓岩近くには監視所跡とよぶ高さ三十メートルほどの水門崖《すいもんがい》が屹《きつ》立《りつ》している。

監視所は先の大戦中の名称で、以前は日和山《ひよりやま》の別称でもある「物見山」と呼ばれた。今も元気な土地の古老に確認すると「そんながや。物見山から田の尻見れば、鰯《いわし》大漁の旗ばかり…という唄《うた》もあるぞ」と、すらすらと口にされた。昔は町野川が水門崖下の権現岩横に注ぎ、河口は大きく蛇行して潟湖《せきこ》を形成していた。そこに何艘《そう》もの帆船《はんせん》が停泊した。田の尻の浜は、今の窓岩前の浜のこと。

今は幻の潟湖となった曽々木の川港は、藩政期に「曽々木浦」の名でしばしば見える。北前船以前にも曽々木浦を舞台に、近郷の名家で総合商社のような顔をもった時国家が、回船業で巨大な富を築いた。ほかにも藩政初期には頭振《あたまふ》り（編注…加賀藩の無高農民のことだが貧農ではない）の芝草《しばくさ》屋が、数艘の船と多くの人を抱え、回船業者として羽振りをきかした。頭振りにも海の豪商がいたのである。

藩政時代中ごろは回船業を縮小していたとみられる時国家が、幕末になって再び回船業に力を入れた。大幸丸や安清丸など、四、五艘の弁財船《べざいぶね》を駆使して、日本海を舞台に盛ん

に商《あきな》いを展開した。農林業のほかに製塩や採石、鉛鉱山など、多角的な経営を進めてきた時国家の経済基盤を支えたのは、海に顔を向けた北前船による回船業だった。

日本海に巨帆を孕《はら》ませて躍動した北前船時代も、明治半ばには終焉《しゅうえん》を迎えた。やがて曽々木浦も退転した。潟湖は年々干上がり、河口の直進河川工事で跡形もなくなった。しかし曽々木集落には今も「港」の小字や、皆戸（ミナト）・水門（スイモン）の姓は残っている。水門崖は川の入り口（門）にある崖《がけ》の名。

曽々木浦の繁栄と衰退の歴史を見守ってきた物見山。今はふり返る人もいない。

中央が物見山の水門崖。左方向に窓岩が見える。防波堤下の右端が権現岩
＝輪島市曽々木海岸で

日和山《ひよりやま》めぐり 四

高屋（珠洲《すず》市）

破船奉行が駐留

半島の北東端に近い珠洲《すず》市高屋町。現在は静かな佇《たたず》まいの小漁村だが、帆船《はんせん》時代には凪《なぎ》待ち港として栄えた。港の西に岳《だけ》山と日和山《ひよりやま》が横並びする地形は、冬の停泊には不向きだが、航行の多い春秋期は賑《にぎ》わった。

日和を見るために登った小高い山は、三百年前の『能登一覧記』には物見山と記され、百九十年前に著《あらわ》された加賀藩士の『能登日記』には、日和山と書かれている。高屋については藩政中期の民俗地誌の『能登名跡志』に「屋敷が百軒ほどある港町で、商家などもあり、夏の間は破船奉行が滞留《たいりゅう》する…」と、往時の賑《にぎ》わいの様子が紹介されている。

破船とは難船のことで、能登沖を航海する北前船にとって、凪や潮《しお》の流れが変わりやすい半島先端の狼煙《のろし》沖は難所だった。藩命で高屋に駐留した破船奉行の任期は一年。役目はおもに幕府御城米船の海難事故処理だが、いったん難船事故が発生すれば直ぐに現場に駆け付け、取り調べや必要な処理にあたった。禄高《ろくだか》二百石から五百石ほどの藩士が、破船奉行の役職についた。

藩政末期の弘化五（一八四八）年二月。海の豪商「銭五《ぜにご》」こと銭屋五兵衛《ぜにやごへえ》の持ち船で、その三年前に建造した千三百石積みの常豊丸が狼煙浦で破船した。日の本一と誇った豪華船の無残な姿を前に、銭五は「海上と申すものはおそろしきものに御座候《ござそうろう》」と弱音を吐《は》いた。

正面右が岳山、左手が日和山、港は岳山の右側反対方向にある＝珠洲市高屋町で

七つの海を舞台に雄飛した希《き》代《だい》の財閥も、その後は坂道を転がるように没落の運命をたどった。

北前船時代が終わる明治の中ごろまで、海の荒れた日には高屋浦に、多い時は七十〜八十艘《そう》もの帆船が碇《いかり》をおろしたという。今は誰も登る人もいない日和山だが、高屋浦の栄《えい》枯《こ》盛《せい》衰《すい》を見続けてきた証人である。

「戦後まもないころまで、夕方にはよく日和山にあがりました。入り日と雲行きの様子を見れば、翌日の天気はおおかたよめました」。この地に長年住み、高屋刀祢《とね》の分家筋にあたる高谷一郎さんから貴重な話を伺《うかが》った。

祭　花　景　冬　史

日和山《ひよりやま》めぐり 五

小木《おぎ》（珠洲《すず》市）

奥行き深い天与の良港

小木の日和山《ひよりやま》下に住む友人に、漁業をしながらユースホステルを経営する浜野礼次郎さんがいる。以前、九十九湾《つくもわん》から日和山の出崎を回り、小木《おぎ》湾内を漁船で案内していただいたことがある。その折、同じ奥能登に住みながら、わが家の前に広がる外浦とは、全く違った海の佇《たたず》まいを潮風の中で実感した。内浦はやさしい「NO（の）」の母性的な風情、外浦はたくましい「TO（と）」の男性的な響きがある。

能登には五カ所の日和山がある。外浦の福浦・輪島・曽々木・高屋の四カ所と、内浦の小木である。現在、国内きってのイカ漁基地で知られる小木港は、名勝九十九湾の西にならぶ奥行きの深い天与の良港である。藩政期の名著『能登名跡志』には、加越能一の潤《うるま》で繁盛していると記されている。港の入り口には景色の佳《よ》い日和山があり、七カ国（能登・加賀・越中・越後・飛騨・信濃・佐渡）が見える。停泊中の船人らが出船待ちの間に遊山《ゆさん》する所である、とも紹介している。

天保七（一八三六）年の初夏。公務を終えた後に能登を巡った越中の寶田敬が、北前船の寄港地として賑《にぎ》わう小木港の様子を、旅人の目で書いた『能登日暦』に綴《つづ》っている。

家は三百軒。地形は入り海。漁撈《ぎょろう》の町で、特産は切石（小木石）。千石船が常に旅泊する加越能一の潤所《うるま》だ。名物は鱈《たら》。切り漬けをお上に献上している。このあたりの風光は、わが

国とは思えないほど素晴らしい。黙して感じるしかない。港には遊女もいる…などなど。

小木港で大正時代によく唄《うた》い、踊られた能登出雲節がある。

「♪能登の名所は小木の港　西の入に御船山　東の入口や　日和山　日和山から沖見れば」で始まり「千石積んだる船でさえ　てんまいらずの上港　月進楼に大塚楼　あまた女郎衆が手で招く」と続く。

出船入り船で賑《にぎ》わう港町につきものは、船底の下は地獄という海に生きる男たちの心意気と、迎える女たちの物語である。今はもっぱら、巷《ちまた》の港町演歌に引き継がれている。

かつては北前船で、今はイカ漁の基地で知られる小木港と日和山＝能登町小木で

戦禍の山 一

七尾《ななお》古城（七尾市）

末は野の風秋の風

苔《こけ》むす石垣のほとりを登りつめ、古城の本丸跡に佇《たたず》めば、懐古の風が吹きぬけて行く。どこの城址で詠んだのかは知らないが、若山牧水の「かたわらに秋草の花かたるらく滅びしものは懐かしきかな」の歌を思い出す。

室町末期は下《げ》克上《こくじょう》の戦国時代。能登では守護の畠山家が百七十年にわたって統治した七尾城が、天正五（一五七七）年に陥落した。眼下に七尾湾から能登島、さらに半島北部を遠望する要害の山岳城も、激変する世のうねりと人心の乱れには、なす術《すべ》もなかった。

足利幕府の管領《かんれい》をつとめた畠山基国《もとくに》の子息満慶《みつよし》が、能登一国の守護として国入りしたのは十五世紀の初め。義忠、義《よし》統《むね》、義元、義総《よしふさ》と代を継ぐうちは、能登に華やかな文化が薫る佳《よ》き時代だった。歌や茶をたしなむ代々の城主は、折々に文人墨客《ぼっかく》や公卿《くぎょう》を招き、この地に文化繚乱《りょうらん》の花を咲かせた。後に都に出て、狩野派と競った画聖長谷川等伯が能登から出たのも、そんな土壌があったからだろう。

六代目の義続《よしつぐ》のころから、城内に暗雲がたちこめた。畠山一族内の相剋《そうこく》と、結佐《ゆさ》・温井《ぬくい》・長《ちょう》などの重臣方による権力争い。北から上杉謙信が、南から一向一揆や織田信長が勢力拡大を目指し、七尾城はまさに内憂外患の時代を迎えていた。七代を継いだ義綱は追放、嫡子《ちゃくし》の幼君義隆は九年後に城内で毒殺された。最後の守護に担《かつ》ぎ出された畠山義春は、まだ二歳。名目だけの城主だった。

今から四百三十年前の天正五年。上杉軍が前年に続いて七尾城を攻めたてた。城内では五歳の義春が病死し、疫病《えきびょう》の蔓延《まんえん》で士気も衰えていた。さらに上杉方に内通した結佐と温井が、織田の援軍を待つ長続連《つぐつら》・綱連《つなつら》の父子を暗殺するにおよび、ついに城は陥落した。

無常迅速《じんそく》というが、城を落とした謙信も翌年急死し、対峙《たいじ》した信長も五年後に自害した。落城の四年後には前田利家が城主になったが、翌年、小丸山の地に城を移した。七尾城の廃城が藩政時代の幕開けとなった。

苔むす石垣が盛衰の歴史を語る本丸跡への道＝七尾市の城山で

戦禍の山 二

石動山《せきどうさん》（中能登町）

戦火に揺れた法師の山

「♪東立山　西日本海　南に白山鎮《しず》まりて　天に不動の北極星」（新民謡・石動山）

宇宙から飛んできた山なのか？　そんな推理さえしたくなる不思議な山だ。東西南北に大いなる山と海と星が座し、その交差点に石動山《せきどうさん》がある。藩政期に著《あらわ》された『能登名跡志』に「昔この山は天より星落ちて石と成る。天漢石《てんかんせき》と号す」「この石ゆるぎて山震動してあれしに、依《よ》って石動山と云《い》う」とみえる。いん石、銀河、山津波、地震、噴火、地滑りなど、天地の胎動が浮かんでくる。山名由来の動く山の無気味なエネルギーが、古代の人々に強い畏敬《いけい》の念を抱かせたのだろう。

標高五六五メートルの山頂付近には、今もブナの原生林が繁《しげ》る。その麓《ふもと》には伊須流岐《いするぎ》比古《ひこ》神社をはじめ、近年復元された大宮坊や藩政末期の旧観坊などの社寺が建つ。折々に散策を楽しんでいるが、かつて膨大な数の坊舎があった証《あかし》の礎石があちこちに点在するほかは、蕭々《しょうしょう》と風が木々の間を吹き抜けるだけである。

「建武天正の合戦で戦火にゆれた石動山、栄枯盛衰《えいこせいすい》今むかし」とは、まさにこの山の歴史だ。中世の最盛期には三百六十余坊を擁《よう》する巨大な法城として栄えた石動山も、二度にわたる合戦で、全山焼き討《う》ちという阿鼻《あび》地獄絵を見るような悲惨な過去がある。一度目は建武二（一三三五）年の大戦。二度目は戦国時代末期の

石動山合戦である。

建武の戦乱で壊滅《かいめつ》した石動山は、後に徐々に復興がはかられた。神仏習合の波に乗り、十六世紀ころには多くの衆徒が山内に寄宿し、諸国を遍歴《へんれき》した。山伏《やまぶし》の強面《こわもて》は「泣く子も黙る石動《いするぎ》法師」と畏《おそ》れられるなどした。天正十（一五八二）年初秋。謙信亡き後の上杉勢に頼った四千を超える石動山衆徒は、急襲した前田利家軍により坊院をことごとく焼き払われ、法《のり》の山は修羅場《しゅらば》となり灰塵《かいじん》に帰した。

平成元（一九八九）年。激動の歴史を秘める石動山に、村上元三氏の句碑が建てられた。碑には「史を語れいするぎ山の青葉風」と刻まれている。

戦禍の歴史を秘める法師の山も今静か。近年復元された大宮坊前の地蔵と句碑
＝中能登町石動山で

戦禍の山 三

末森城跡《すえもりじょうせき》（宝達志水町《ほうだつしみずちょう》）

前田・佐々の合戦場

時は天正十二（一五八四）年の秋半ば。加越能に通じる三路をにらむ要害に築かれた末森城を舞台に、豊臣・徳川の代理戦争ともいえる短期血戦の火蓋《ひぶた》が切って落とされた。標高二三八メートルの末森山の砦《とりで》に陣取るのは、秀吉に与《くみ》する前田利家臣下の奥村永福《ながとみ》。攻め手は、富山城から一万五千の兵を繰り出した徳川家康につく佐々成政。利家はその前年、七尾小丸山城から加賀尾山城に移っていた。

城攻めの狙いは能登加賀の分断にあった。金沢からの利家援軍の抑えに、四千の兵を加能国境の松林内に配置した成政は、一万余の大軍をもって三方から末森城を攻めこんだ。永福が詰める城内勢はわずか五百。あの手この手の抗戦も、落城必至の情勢だった。しかし成政には天運・時運のツキがなかった。

当時、秋雨前線がかかっていたのだろう。降りしきる雨で戦場はぬかるみ、三の丸を落として二の丸に迫ったものの、進攻は一進一退。やむなく成政は坪井山の本陣へ引きあげた。

その間、末森城危機の急報に接した利家は直《ただ》ちに金沢を発《た》ち、津幡《つばた》城をへて敵陣にさとられぬように浜道を急いだ。現在の今浜背後のクジラ骨とか鯨ケ峰とよぶ砂丘の上に、三千五百の利家援軍が忍び寄った。

夜が明けると、城内から歓喜の声がどよめいた。西正面の砂丘の上に鍾馗《しょうき》を描いた大旗

長年の盟友、前田利家と佐々成政がたもとを分けて決戦した末森城＝宝達志水町で

をはじめ、おびただしい援軍の馬上旗が翻《ひるがえ》っていた。一方、勝利を確信する越中勢はそれを見て、信じ難い光景とあわてふためいた。

城内から躍《おど》り出た永福《ながとみ》勢と、背後から攻める利家軍に挟《はさ》み打ちされ、形勢は一気に逆転。敗走した成政軍は、河北の村々を焼き払いながら倶利伽羅峠《くりからとうげ》へと去った。この戦勝で利家の加能支配は不動のものとなり、小勢で城を守った奥村永福の誉《ほま》れは後世に聞こえた。

数本の老松が残るのみの本丸跡に立った。四百年前の合戦の微《かす》かな幻影も甦《よみがえ》らない。耳にするのは、峰を渡る風と、時折通過する七尾線の車輪のきしむ音のみだった。

輪島塗情話 一

下地《したじ》塗り作業（輪島市）

素麺《そうめん》から漆器へ

日本海に顔を向けた奥能登の小さな三角州に開かれた町・輪島。そこに生まれ、育《はぐく》まれた輪島塗漆器とその文化。漆樹液を塗り重ねた、あやしいまでに奥艶を放つ漆器に、ヨーロッパ人の目は日本固有の神秘感を見たようだ。漆器が「ジャパン」の代名詞になったのは、そこに形容しがたい美しさを認めたからに違いない。フランス・ルイ王朝の宮廷社会では、漆器がもてはやされたという。

日本を代表する漆器産地が、なぜ能登半島の輪島なのか。近世初期までは素麺《そうめん》が主産業だった輪島に、漆器が台頭するようになったのは、およそ三百年前の元禄時代のころ。素麺が他産地との競争で衰退の道をたどり始めると、間隙《かんげき》をぬうように漆器生産が拡大した。

二百年ほど前の文化二年には、塗師《ぬし》屋（漆器製造販売業者）が百軒を数えた。塗師や木地職、漆かき職人などを加えると、数百人が輪島塗生産にかかわり、このころには漆器が主産業の座に躍《おど》り出ていたとみられる。

輪島には幾つかの地の利があった。気候や周囲の山野に漆や器材が豊富だったことは、輪島に限ったことではなかった。最良の地の利は、輪島に「地の粉＝下地漆に混ぜる最適の珪《けい》藻土《そうど》」が産出したこと。それを用いることで、品質面で他産地との差別化を図ることができた。

次に、藩政中期以降は風待ち港の輪島に、北前船が繁《しげ》く

伝統の技に誇りを込め、下地塗りをほどこす
輪島塗師＝輪島市河井町の稲忠漆芸堂で

出入りしたことが幸いした。大阪から日本海経由で、蝦夷《えぞ》地《ち》（北海道）を往来する北前船は、漆器家具セットの荷を容易に、大量に積み込むことができた。

さらに六里（二十四キロ）離れた所には、末寺一万数千カ寺をもつ曹洞宗の巨刹《きょさつ》總持寺があった。輪番制の本山には、有力な末寺の住職方がひんぱんに多勢を伴って上下山した。

チャンスを見逃さない輪島塗師屋は、寺院の住職方と縁を結ぶことで、漆器を受注し、各地の富豪顧客の紹介を得た。これが地の利三点セットであろう。輪島塗は行商の歴史である。塗師屋は全国津々浦々へと旅発《た》った。

輪島塗情話㊁

椀木地《わんきじ》作業（輪島市）

椀講で拡販──行商春秋《しゅんじゅう》

輪島塗漆器の生産が飛躍的に伸びた江戸時代の文化文政期（一八〇四〜一八三〇年）は、庶民文化の爛熟《らんじゅく》をみた時代。花の江戸では十返舎一九の道中物娯楽小説がバカ売れし、葛飾北斎の浮世絵が一世を風靡《ふうび》した。何ごとにも加賀藩の締めつけの強かった能登にあっても、秋祭りには華やかな大型キリコが各地で競って担《かつ》ぎ出された。

地の利を活《い》かし、各地へ行商展開を進めた輪島漆器の生産と販売が、ぐーんと伸びたのもそんな時代背景があった。文政期（一八一八〜）に入り、松屋伊兵衛と小西屋庄五郎が関西地区で椀《わん》講を始めた。輪島塗は高価格だが、品質には確固とした自信があった。

椀講とは、顧客が買い求めやすいように、五年間・十回払いの割賦《かっぷ》販売のこと。十人一組の椀講は、二十人前の膳椀《ぜんわん》などの食器家具セットを年に二度納めることで、五年後には全講員が揃《そろ》えることのできる制度。それにより産地では安定生産につながった。椀講はその後各地へ広がり、鼠算《ねずみざん》とはいかなくも、輪島塗市場は飛躍的な伸びをみせた。

旅先で椀屋と呼ばれた塗師《ぬし》屋は、何よりも信用を大切にした。ただの行商人ではなく、書画や歌俳に通じ、茶や芸事をたしなむなどの品格を磨いた。顧客獲得の秘訣《ひけつ》は「品物を売る前に人柄を買ってもらうこと」だった。

外商先ではバッティングしないように、各自が場所先（得意先市場）を定めた。得意先の旦那《だんな》衆と昵懇《じっこん》になることで、輪島椀屋は顧客の紹介を得てさらに市場を広めた。しかし時には、思わぬアクシデントも生じた。納品する漆器を積んだ北前船が、沖で時化《しけ》に遭って破船することもあった。船に載せた漆器が海の藻屑《もくず》と消えるばかりか、旅先の寄港地で着荷を待っていた塗師屋も、帰るに帰れず何処《いずこ》かへと消え去った人もいたという。

全国各地を巡り、販路拡大を勝ち得た繁栄の陰に、思い半ばで挫折《ざせつ》した塗師屋も少なくなかった。輪島塗には震度6強の地震禍《か》に負けてはいられない、不屈の歴史が秘められている。

輪島漆器の代名詞「椀」木地を、半世紀以上も挽（ひ）き続けている辻さん
＝輪島市小伊勢町で

名湯譚《めいとうたん》 一

和倉温泉（七尾《ななお》市）

苦難乗り越え、高まる名声

　能登半島の内ふところ。四季を通じて波静かな七尾湾を前にする和倉温泉は、山水極致の景を一望にする北陸の名湯である。湯は平安時代初期の大同年間（八〇六〜八一〇年）に湯の谷で発見されたという伝承がある。開湯千二百年キャンペーンを進めているさなかの平成十九（二〇〇七）年三月二十五日、大地震に見舞われた。

　これも伝承だが、千年ほど前に大地震がこの地で発生した。どこもかしこも、しっちゃかめっちゃかの大騒ぎ。湯脈まで動転したらしく、なんと沖合百メートルの海の中からピュ、ピューと温泉が噴き出した。以来、ここを「涌浦」と呼んだ。ピンチの後にはチャンスが待ち受けていたのである。

　延宝二（一六七四）年。涌浦を「和倉」に改名すると、加賀藩から一方的な通達が示された。それでは温泉場のイメージが失われると抗議をしたが、認められなかった。ならば「和して倉を成す」を合言葉に、効能豊かな熱湯に負けない熱意で、温泉地の発展を図ってきた。

　温泉地として賑《にぎ》わい始めたのは、海中の湧出口《ゆうしゅつこう》を囲って「湯島」を築いた元禄期（約三百年前）のころから。豊富な湯を、湯島から船で所口《ところぐち》（七尾）にも運び、武士などが入浴した。効能あらたかな和倉湯は樽《たる》に詰められ、百樽二百樽と、遠く上方や江戸の加賀藩邸、寺院・湯屋にも送られた。これを樽湯と称した。

　二百二十〜三十年前の安永

湯島も橋も明治の埋め立てで消えたが、跡地に「涌浦乃湯壺」の記念碑が建立されている＝七尾市和倉町

年間には、湯宿が十七軒に増え、近在の人々以外にも、秋の終わりや節句には湯治《とうじ》に訪れるのを楽しみにする人が増加し、和倉温泉の名声は高まった。

ところが再びピンチに陥った。後年、無粋《ぶすい》な藩が「湯情に流れてはいかん！」と、無病者の入湯を禁止したのである。湯効の良さが災いしたのである。やがて藩の方針も寛容になり、文化年間には湯島に橋がかけられ、湯治《とうじ》客で賑《にぎ》わった。名湯ゆえに苦杯を喫しながらも、今日みる大温泉観光地になった。今回の地震も、必ずや吉の逆転劇が待っているものと信じたい。歴史は繰り返すからである。

祈りの風景㊀

總持寺祖院《そうじじそいん》（輪島市）

栄華と痛恨の歴史

春夏秋冬、朝な夕なに、変幻自在の佇《たたず》まいを見せる大本山總持寺祖院《そうじじそいん》。移東してやがて百年を迎える横浜鶴見の本山にはない、伝灯の重みがここにはある。明治末に首都圏に移った本山總持寺の実家にあたる寺である。

かつて越《えつ》本山と呼ばれた永平寺に対して、能《のう》本山と並び称された曹洞宗の巨刹《きょさつ》がここにあった。日本海に向けて開かれた宗門拠点の本山は總持寺だけで、そこには海上ルートからの教線拡張の意図があったとみられる。

宗祖道元が越前の山中で開いた曹洞禅は、永平寺三世の徹通義介《てっつうぎかい》と弟子の瑩山紹瑾《けいざんじょうきん》により、北北東に針路をとり、三段跳びで宗門拡大を図った。徹通が加賀に大乗寺を開き、瑩山が口能登《くちのと》羽咋に永光寺《ようこうじ》を、終《つい》には鎌倉末期の元亨元（一三二一）年に、奥能登外浦の地に總持寺を開いた。瑩山亡きあと、二世の峨山が怒涛《どとう》の末寺拡大攻勢をかけ、後の世に一万七千カ寺を擁《よう》する巨大教団の礎《いしずえ》となった。

時代は下り、開山二百八十年後の慶長六（一六〇一）年。能登に入った前田利家夫人の芳春院が庇護《ひご》の手を差しのべ、山門などを造営して曹洞出世道場本寺としての偉容を整えた。宝永六（一七〇九）年に總持寺を訪れた風狂藩士の浅加久敬が、当時の壮観な佇《たたず》まいを次のように紀行文に残している。「並木の山桜は爛漫《らんまん》と咲きまじりて見物なり。枝垂《しだ》れ

明治の大火後、昭和7年に完成した総欅（けやき）造りの山門が威容を誇る
＝輪島市門前町で

の河柳は青々として、いとど心の濁りも清まりぬ」「田舎の小縣なりといえど、都の大内山にも、いささかけじめはみえじ」と。

明治三十一（一八九八）年四月十三日夜。大法堂《はっとう》付近から火の手が上がり、見る間に塔堂伽藍《がらん》を焼き尽くし、翌十四日の未明に鎮火した。宏大壮麗な名刹《めいさつ》は一夜にして焦土となったが、開山の霊廟《れいびょう》や慈雲閣、経蔵、芳春院などは奇蹟《きせき》的に残った。

總持寺祖院をそぞろ歩けば、栄華と痛恨の歴史を無言で語るものがある。それは十数年後に開山七百年を迎える伝灯と祈りと、境内に残る老木と禅林をわたる風である。

祈りの風景㊁

妙成寺《みょうじょうじ》落陽（羽咋《はくい》市）

美しく眩《まばゆ》い五重の塔

潮《しお》の香をのせた風が、滝谷台地を吹きぬけていく。ここは日蓮宗の北陸本山・妙成寺《みょうじょうじ》。十棟の重文建築伽藍《がらん》を擁《よう》する寺の威容は、まさに「海の飛鳥《あすか》」と呼ぶにふさわしい。わけても日本海を望む樹林の中に根をおろし、天空へ伸びる五重の塔の、眩《まばゆ》いほどの美しさ。

妙成寺は鎌倉時代の永仁二（一二九四）年に、二人の傑僧の奇《く》しき出会いによって開かれた。日蓮の孫弟子にあたる日《にち》像《ぞう》と、後に日乗となる石動山天平寺の満蔵《まんぞう》法印である。出会いの舞台は佐渡から七尾港へ向かう船中だった。問答の末に日像に心服した日乗は、祖師日蓮の遺命を果たすために京へ上った日像を開山と仰ぎ、この地に妙成寺を建立した。

創建から三百年後。藩政時代初期。前田利家の側室で、熱心な法華経信者だった加賀藩三代藩主利常の生母寿福院が、妙成寺を菩提所《ぼだいしょ》と定めた。それを契機に、寿福院は本堂や番神堂などの伽藍《がらん》を次々と発《ほっ》願《がん》建立した。中でも元和四（一六一八）年に完成した五重の塔は、後の世人に「音に聞こえし…」と讃《たた》えられ、その名声は遠国にも聞こえた。

今日みる妙成寺の壮麗な堂塔伽藍は、ひとえに法華経を信奉する女人の、敬虔《けいけん》な祈りから生まれたものだ。伽藍の発願建立は領国内にとどまらず、甲斐国（山梨県）の身延山《みのぶさん》にも五重の塔を建立するなど、寿福院は諸国の法華経寺院の檀越《だんおつ》となった。徳川家康の側室養珠院（お万の方）とも親交が深かった。互いに側室の身で熱心な法華経信者だったことが、二人の絆《きずな》を強めたのであろう。

五重の塔は本来、釈迦の墓であり舎利塔《しゃりとう》だが、私たちの目には天地をつなぐ仏教への憧憬《しょうけい》的象徴として映る。大地に根をおろした大木のような安定感と、真っ直ぐ天に伸びる無限的な憧憬とが相まって、五重の塔のある美しい景観を生み出すのであろう。

房総半島の清澄《きよすみ》山で旭日《きょくじつ》を迎えて開かれた日蓮宗。七百数十年後の今、めぐり巡って能登半島の妙成寺五重の塔に夕日がかかる。

三代加賀藩主の生母寿福院の発願で建立された妙成寺の五重の塔＝羽咋市滝谷で

祭　花　景　冬　史

祈りの風景㊂

須須《すず》神社昇陽（珠洲《すず》市）

北方日本海の守護神

うららかな珠洲《すず》の岬《みさき》の朝ぼらけ。海に向かう鳥居の沖に、能登の過去・現在、そして未来を照らして日が昇る。半島最先端に鎮座する高座《たかくら》・金分《きんぶん》の両宮からなる須須《すず》神社は、神代の昔から北方日本海の守護神として尊崇されてきた名社。創建時は鈴が嶽（山伏山）の山頂にあったが、八世紀半ばに現在の地に遷座されたと伝えられる古社である。

　奥宮が鎮まる山伏山は、標高一七二メートルと低いが、山頂付近には冬も緑の照葉樹が繁《しげ》る美しい能登最果ての霊山。往古より能登沖を往《い》き来する船の航路標識として、また海幸を漁《すなど》る人には山だめの森として、海人のあつい信仰を集めてきた。珠洲の語源ともかかわる祭神の美穂須須見命《みほすずみのみこと》の「須須見」とは烽《のろし》のこと。海事異変を煙や火で知らせる「のろし」を上げる場所をいう。今流に言えば、非常時の発信拠点である。

　三万平方メートルという須須神社の境内には、タブノキ、スタジイ、ヤブツバキなどの原生照葉樹が繁茂し、社叢《しゃそう》は国の天然記念物に指定されている。千古の祈りが籠《こ》もる神域が、縄文以来の原植生を今に伝えているのである。

　中世には珠々《すず》権現。前田利家公の祈願所として神田《しんでん》の寄進をうけた近世は、三崎権現とか三崎参りと親しまれた。社宝の一つに、義経が奉納したと伝える蝉折《せみおれ》の笛がある。二百年以前に著《あらわ》された『能登名跡志』にも、そのことが記されている。兄頼朝に追われた義経主従の船が珠洲沖で大時化《しけ》に遭ったが、須々《すず》権現に祈って難を逃れることができ、笛を寄進したことが紹介されている。

ほかにも重要文化財の男神像五躯《く》をはじめ、社宝は多い。

　低迷を続ける能登観光に、今こそ半島先端の磁力を回復する時が来ている。神仏・自然・生活が融合し、能登の魅力を濃縮する半島突端の禄剛崎《ろっこうざき》・山伏山・須須神社ゾーンのパワーアップが、能登浮上のカギとなる。「半島の果てを訪れずに能登に行ったという勿《なか》れ」と言われる地域再生が待望されている。

最果ての須須神社大鳥居の沖から昇る朝日＝珠洲市三崎町寺家で

祈りの風景 四

鹿渡島《かとしま》観音堂（七尾《ななお》市）

地域で守る優しさの化身

仏様と言えば、真宗王国の石川県では阿弥陀《あみだ》様がおなじみだが、全国的に最も親しまれているのは観音様である。聖《しょう》・千手《せんじゅ》・十一面・如意輪《にょいりん》などの観《かん》世音菩薩《ぜおんぼさつ》の美しさと優しさ、母性的な魅力に惹《ひ》かれるからだろう。加えて私たちを救うために三十三の姿に変身するという、身近な救世主といった感じが人気の秘密ではないか。

平成十八（二〇〇六）年三月。奈良で観音経に関する天武八（六七九）年の最古の木簡《もっかん》が出土し、観音信仰の歴史の奥深さを教えてくれた。

江戸時代には「四国西国《さいごく》およびもないが、せめては国の巡り札」といわれるほどに、全国各地で霊場巡りが行われた。四国は八十八カ所遍路で、西国は三十三観音巡礼である。

身を削って辺地を巡ることで、八十八の煩悩《ぼんのう》を消滅させる四国霊場巡りに対し、現世利益《げんせりやく》の積み重ねを願う観音霊場巡りの輪は、全国へと広がった。西国に次いで鎌倉時代には坂《ばん》東《どう》三十三が、室町期には秩父三十四札所が成立し、百観音巡りをする者も増えた。それらの札所巡りにも行けない人々のために、各地で「国」単位の三十三観音札所がつくられた。巡る信仰の旅は行楽性も帯びて賑《にぎ》わい、やがて国内に膨大な数の観音霊場札所の誕生をみた。

能登でも藩政期に「当国三十三観音霊場」が成立している。一番札所は穴水町の明泉寺《みょうせんじ》で、以降は能登島、崎山半島、七尾、

今も小集落で観音堂をまつる4番札所の鹿渡島観音堂＝七尾市鵜浦で

邑知《おうち》地溝帯南部の東往来筋から羽咋《はくい》市へ。折り返すように西往来筋を巡り、田鶴浜《たつるはま》、中島を経て外浦の富来《とぎ》へ。さらに外浦沿岸を北東へと進み、結願《けちがん》札所は珠洲《すず》市三崎の高勝寺である。

四番札所の鹿渡島《かとしま》のように、現在は地域で守る無住の観音堂も多いが、三十二番の岩倉寺などは古くから観音霊場として栄えている。

四万六千日の八月（旧七月）十日は、その日に参ると四万六千日分の御利益《ごりやく》が授かると信じられ参詣者を増やした。ちなみに四万六千とは、一升枡《ます》に入る米粒の数であり、人間の最大寿命日数だという面白い話もある。

祭　花　景　冬　史

祈りの風景 五

岩倉観音（輪島市）

600年以上篤《あつ》い信仰集める

日本人が親しく信奉する人気ナンバーワンの仏様は観音様。法華経普門品《ほけきょうふもんぼん》に説かれる観世音菩薩《かんぜおんぼさつ》である。美しさと優しさを併せもつその容姿は、慈愛に満ちる母親のような存在で、天照大神《あまてらすおおみかみ》やマリアさまにも似通う永遠の女性像。素直な気持ちで合掌し、観音様の御名《みな》を一心に唱えれば、いつでもどこでも三十三変化《へんげ》の離れ業で私たちを救ってくれるという現世利益《げんせりやく》が人気の秘密だろう。

　インドから中国、朝鮮半島経由で日本に入った観音信仰が広がりをみせたのは、西国に次ぐ坂東・秩父の札所巡り旅ネットの影響が大きい。江戸後期には信仰と行楽をかねた巡礼の旅人で、観音霊場は大いに賑《にぎ》わった。遠くに行けない人のために、各地でネット化が進み、能登でも藩政期には三十三観音札所が成立し、札所巡りが盛んに行われた。

　能登三十三番で北陸十六番の札所は、輪島市東部の岩倉寺。日本海と町野川河口の平野を眼下にする、標高三五七メートルの霊山岩倉山の中腹にある。平安期の式内社「岩倉比古社」の別当岩倉寺は、観音信仰の上げ潮《しお》に乗り「♪一に岩倉観音さまよ…」と唄《うた》われるほどに観音霊場として栄えた。秘仏の本尊は三十三年ごとに開帳され、その中間に間《ま》開帳が行われる。信者の間で「生涯に四度参れば極楽往生できる」と、篤《あつ》く信奉されてきた。

　光浦の海から上がった観音伝承をもつ岩倉寺が、文献上にあらわれるのは十四世紀の後半。観音の寺として周辺住民の信仰を集めていたことは、五百年前に観音堂を再建したことで明白だ。

　明応九（一五〇〇）年の火災で焼失した御堂を、永正四（一五〇七）年に再建している。その折に、二代目の本尊として祀《まつ》られたのが現在の千手観音様。宝永元（一七〇四）年にも再度火災に遭遇し、二年後に再建されたのが現在の御堂である。寺は今も祈願と名物の山菜料理などを提供する心身休息の寺として、多くの参詣者に親しまれている。

開帳の折には多くの参詣者で賑わう岩倉寺の秘仏本尊・千手観音＝輪島市町野町で

ふところ深い日本の原郷

能登の未来を託して、東京から一番機が緑雨の空港に着陸したのは、平成十五(二〇〇三)年七月七日。やがて五年になる。一日二往復。首都圏と能登を結ぶ空港は、さまざまな出会いの交流門。めぐる半島の先々には、心なごむ郷愁の舞台が待っている。

能登の旅劇場を支える四本柱は、渚《なぎさ》を車が走る千里浜と、七尾湾を前にする景勝の和倉温泉。女性の甲斐性《かいしょう》が行き交う輪島朝市と、半島最果ての珠《す》洲岬《ずみさき》。県土の半分近くを占めながら、人口が二割にも満たないこの劇場には、古《いにしえ》より「能登はやさしや土までも」の諺《ことわざ》が残る。やさし—は、優し・しなやか・粘り強さを包含する「優柔」のニュアンスをもつ。これまで、あえて平仮名で「やさし」と伝えてきたことも理由《わけ》ありなのだ。

能登ってどんなところ?と聞かれたら、迷わず「ふところの深い日本の原郷」と答えている。原郷—とは、原風景が濃縮した形で生活に溶け込んでいる自然に恵まれた居住地域である。一例を挙げれば、タブノキ、アテ、キリシマツツジ、群生するやぶ椿《つばき》や雪割草などの植生。朝市、振り売り、千枚田、マガキ、稲架《はさ》木などの生活景。天然粗塩《あらしお》や魚醤《ぎょしょう》のイシル。蛸《たこ》すかしや待ちぼうけ漁のイサザ採り、真冬の磯《いそ》での岩海苔《いわのり》摘み。舳倉《へぐら》海女《あま》の素潜りアワビ漁。花嫁のれんや歳暮鰤《ぶり》、縄張りなどの嫁取り習俗。

さらに六百をこえる寺院とホンコサンなどの多様な仏教行事。

和倉温泉夕景

キリコ祭りやアエノコトなどの多彩な祭り。手業《てわざ》が冴《さ》える輪島塗や能登杜氏《とうじ》の酒造りなど、数え上げたらきりがない。それらをそっくり包みこんでいるのが、神仏・祖霊・自然を渾然《こんぜん》一体とみる能登人の精神風土である。

天恵めぐる旅「能登劇場」も、これにて閉幕。最後になったが、多忙な時間を割いて取材、写真撮影に協力してくださった皆さま方に深く感謝したい。

平成二十年五月

著者　藤平　朝雄（文）
　　　渋谷　利雄（写真）

能登空港

本書は、２００６年４月２日から２００８年３月３０日まで「北陸中日新聞」日曜日付朝刊に連載した「能登劇場」を加筆、再構成したものです。

本書で巡る能登地方（写真撮影地）

第一幕 祭り（神々への賛歌）

1 宇出津あばれ祭り（能登町）
2 松波キリコ祭り（能登町）
3 恋路火祭り（能登町）
4 能登島の火祭り（七尾市）
5 石崎奉灯祭（七尾市）
6 見付の七夕祭（珠洲市）
7 柳田ござれまつり（能登町）
8 輪島大祭（輪島市）
9 中島屋の大キリコ（輪島市）
10 蛸島大祭（珠洲市）
11 気多大社平国祭（中能登町）
12 藤波酒樽祭（能登町）
13 輪島曳山祭り（輪島市）
14 小木伴旗祭り（能登町）
15 七尾青柏祭（七尾市）
16 灯籠山祭り（珠洲市）
17 名舟御陣乗太鼓（輪島市）
18 皆月の山王祭り（輪島市）
19 お熊甲祭り（七尾市）
20 能登の獅子舞（羽咋市）

第二幕 花木（花神たちの乱舞）

21 能登の天花（赤崎＝輪島市）
22 大谷ツツジ（池上家＝珠洲市）
23 キリシマ前線（昔農家＝宝達志水町）
24 思いの丈に花は咲く（芦田家＝能登町）
25 白 藤（明専寺＝宝達志水町）
26 石楠花（天王寺＝輪島市）
27 紫陽花（平等寺＝能登町）
28 水 仙（禄剛埼灯台＝珠洲市）
29 雪割草（猿山岬＝輪島市）
30 桜トンネル（能登鹿島駅＝穴水町）
31 天井川の桜（宝達志水町）
32 気多大社「入らずの森」（羽咋市）
33 鎌宮諏訪神社「鎌打ち神事」（中能登町）
34 鷲岳の鎮守の森（輪島市）
35 鹿島路の大タブ（羽咋市）
36 大畠家の「おたぶさま」（珠洲市）

第三幕 風景（人と自然の輪唱）

37 仁江の千畳敷（珠洲市）
38 白米の千枚田（輪島市）
39 義経の舟隠し（志賀町）
40 大島の諸願堂（志賀町）
41 柴垣の長手島（羽咋市）
42 相撲甚句「能登名所」（能登町）
43 塩田街道（珠洲市）
44 万灯とこしえ（輪島市）
45 泣き砂の浜（輪島市）
46 神子原（羽咋市）
47 ふりむき峠（輪島市）
48 朝 市（輪島市）
49 振り売り（輪島市）
50 千枚田（輪島市）
51 千刈田（能登町）
52 千体地蔵（輪島市）
53 千畳敷（能登町）
54 千本椿（珠洲市）
55 千里浜（羽咋市）

第四幕 冬（輝けるモノトーン）

56 アエノコト（珠洲市）

第五幕 歴史（懐かしき物語）

66 大伴家持（宝達志水町）
67 前田斉泰（七尾市）
68 ローエル（穴水町）
69 時忠の墓所（珠洲市）
70 時国家（輪島市）
71 福 浦（志賀町）
72 輪 島（輪島市）
73 曽々木（輪島市）
74 高 屋（珠洲市）
75 小 木（能登町）
76 七尾古城（七尾市）
77 石動山（中能登町）
78 末森城跡（宝達志水町）
79 下地塗り作業（輪島市）
80 椀木地作業（輪島市）
81 和倉温泉（七尾市）
82 總持寺祖院（輪島市）
83 妙成寺 落陽（羽咋市）
84 須須神社昇陽（珠洲市）
85 鹿渡島観音堂（七尾市）
86 岩倉観音（輪島市）

能登地方

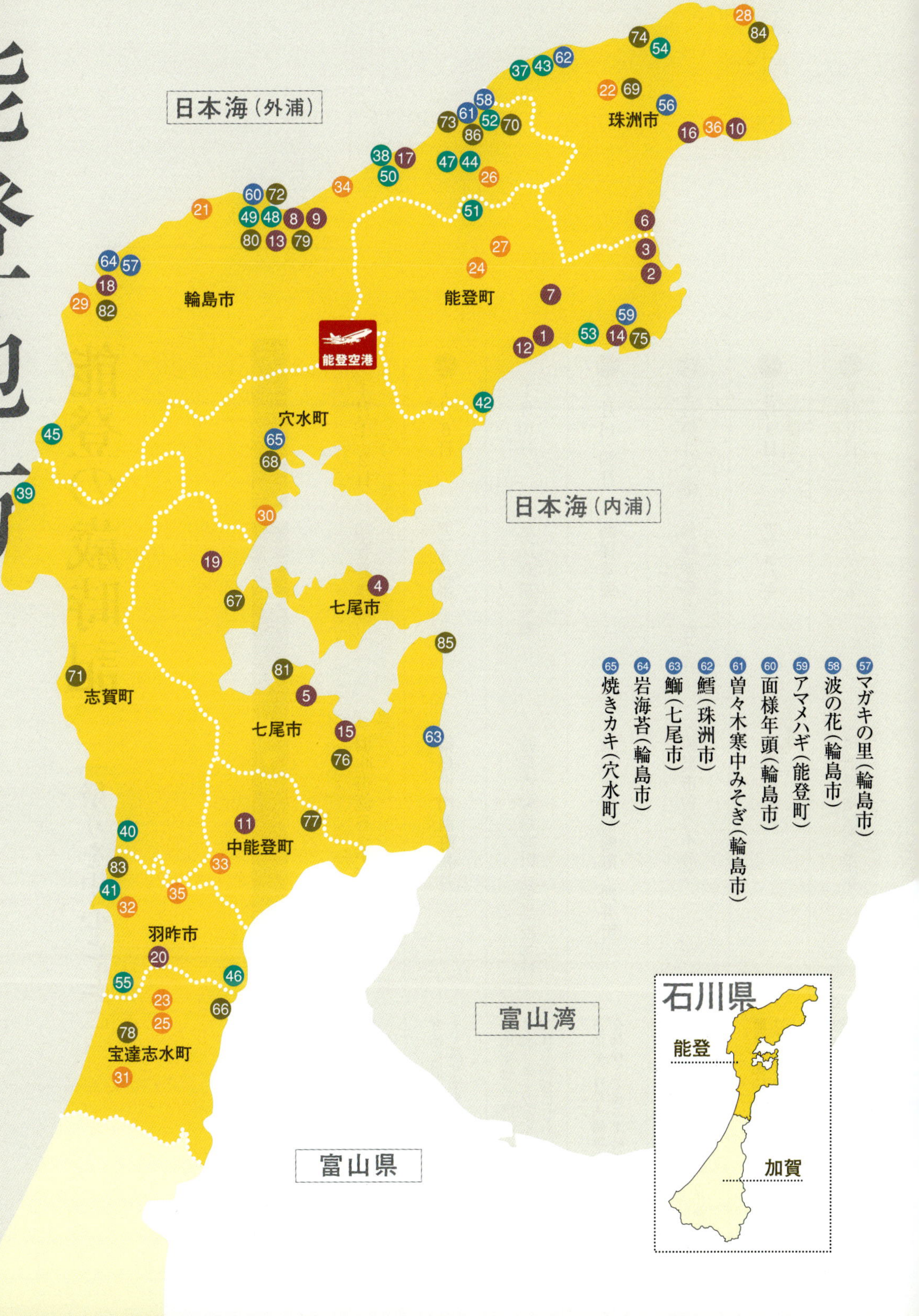

57 マガキの里（輪島市）
58 波の花（輪島市）
59 アマメハギ（能登町）
60 面様年頭（輪島市）
61 曽々木寒中みそぎ（輪島市）
62 鱈（珠洲市）
63 鰤（七尾市）
64 岩海苔（輪島市）
65 焼きカキ（穴水町）

能登の歳時記
「祭りを中心として」

睦月《むつき》

月日	行事の名称	場所	みどころなど
1月1・2日	迎春寒水行	羽咋市滝谷（本山妙成寺）	迎春に僧侶たちが下帯ひとつで寒水をかぶって太平を祈願する。
P.126 1月6日	アマメハギ	輪島市門前町皆月	奇怪な面をつけた若者たちが、家々を巡り子を脅す予祝神事。
1月10日	恵比寿講神事	輪島市輪島崎町（輪島前神社）	恵比寿像を抱いて漁師町を巡り豊漁と海上安全を祈願する。11月20日も同様に行われる。
P.128 1月14・20日	面様年頭	輪島市輪島崎町・河井町	古面をつけた夫婦神が新年に家々を祝福して巡る来訪神事。
P.130 1月第3土曜	曽々木寒中みそぎ	輪島市曽々木海岸	寒中の海に神輿を担ぎ出す人気の年中行事。御陣乗太鼓も出演。

如月《きさらぎ》

月日	行事の名称	場所	みどころなど
P.126 2月3日	アマメハギ	能登町秋吉	節分の夜に子供らが奇怪な面をつけて家々を巡る来訪神事。
P.120 2月9日	アエノコト	奥能登地区の農家	冬の間、家で休息された田の神をもてなし、田へ送る予祝祭。

弥生《やよい》

日程	祭り	場所	概要
2月15日	犬の子まき	輪島市河井町(蓮江寺)	ねはん会法要後、犬の形をした団子がまかれる仏教習俗。
3月1〜7日	きさらぎ祭り	輪島市河井町(重蔵神社)	数え47・48の氏子らの当神祭。7日零時の献備式は神秘的。
3月2日	お山祭り	能登町神道	石仏山の石神様を奉る原始的な石上信仰を今に伝える祭祀。
P.28 3月18〜23日	おいで祭り(平国祭)	羽咋市ほか(気多大社)	6日間にわたり能登南部を神輿行列がゆかりの地をめぐる。国平定の物語を顕した祭り絵巻。

卯月《うづき》

日程	祭り	場所	概要
P.30 4月2日	酒樽返し	能登町藤波(神目神社)	ふんどし一つの若者たちが、田の中や海中で酒樽を奪い合う。
P.32 4月5・6日	曳山祭り	輪島市鳳至町・河井町	華麗な総輪島塗の山車が、子供らに曳かれて漆器の町を練る。
4月第3土・日曜	曳山祭り	能登町宇出津	末広がりの開き山が巡行し、漁業の町に春の瑞気をふりまく。
4月第4土曜	住吉大祭	七尾市田鶴浜	7台の山車が建具の町を雅やかに練り回る。
4月4・5日	鯉のぼりフェスタ	珠洲市大谷町	数百の幟が大谷川上空に泳ぐ、人気の地域あげてのイベント。

皐月《さつき》

日程	祭り	場所	概要
P.34 5月2・3日	伴旗祭り	能登町小木(御船神社)	長大な幟旗を立てた伴船の列が波静かな湾内をパレードする。
P.36 5月3〜5日	青柏祭	七尾市市街地(大地主神社)	日本一ジャンボな山車3基が、七尾の街中を巡行する。地元では「デカ山」と親しんで呼ぶ。

文月《ふみづき》

日程	祭り	場所	概要
P.6 7月第1金・土曜	あばれ祭り	能登町宇出津	宵祭りには40数本のキリコが、燃え盛る柱松明の下を勇壮に練る。土曜はあばれ神輿が主役。

文月《ふみづき》

月日	行事の名称	場所	みどころなど
7月第2土曜	七尾祇園祭	七尾市湊町	東のオスズミと呼ばれ、キリコ奉灯が乱舞する。
7月18・19日	ごうらい祭り	輪島市門前町（櫛比神社）	18日夕方には神輿が總持寺祖院に渡御。神仏が互敬体面する。
P.38 7月20・21日	灯籠山祭り	珠洲市飯田町（春日神社）	華麗な8基の山車と、高さ16メートルの灯籠山がみもの。
7月第4土曜	かがり火祭り	七尾市中島町塩津	夜の海上で男女の神がデートする。蓮葉のかがり火が幻想的。
P.8 7月第4土曜	松波大祭	能登町松波（松波神社）	人形を飾ったキリコが昼夜にわたって賑々しく担ぎ出される。
7月第4土・日曜	どいやさ祭り	能登町姫（諏訪神社）	漁業の町の威勢のいい「ドイヤサ」の声で袖キリコを担ぐ。
P.10 7月27日	恋路の火祭り	能登町恋路海岸	悲恋伝説を秘めるキリコ祭り。火祭りと花火が夏の夜を彩る。
7月30日	水無月祭り	輪島市南志見（住吉神社）	一年の折り返し点の祓え行事。浜の仮屋へキリコが渡御する。
P.12 7月最終土曜	向田の火祭り	七尾市能登島町向田（伊夜比咩神社）	高さ20数メートルの巨大な柱松明を炎上させる能登最大の火祭り。

葉月《はづき》

月日	行事の名称	場所	みどころなど
P.40 7月31・8月1日	名舟大祭（御陣乗太鼓）	輪島市名舟町	和太鼓ブームの先駆けとなった日本屈指の伝統ある名太鼓。
P.14 8月第1土曜	石崎奉灯祭	七尾市石崎町（八幡神社）	高さ12メートル、重さ2トンの巨大な奉灯を、昼夜にわたって6本担ぎ出す能登最大のキリコ祭り。

P.16	8月7日	七夕キリコ祭り	珠洲市宝立町	打ち上げ花火があがる景勝の見付浜に勢揃いしたキリコが、一斉に夜の海に入って乱舞。
P.96	8月9日	岩倉寺万灯会	輪島市町野町西時国	千あまりの灯籠が古刹の参道から境内に灯り幽玄の世界へ誘う。
P.42	8月10・11日	皆月山王祭	輪島市門前町皆月(日吉神社)	日中は五色の吹き流し、夜は提灯をつけた船形山車が出る。
	8月13日	新宮納涼祭	七尾市中島町鈩打地区(藤津比古神社)	ヤンサコの掛け声で深夜まで10数本のキリコが練り回る。
	8月14日	西海祭り	志賀町富来西海	浴衣に前掛けおこし姿の女性たちが、キリコをキリリと担ぐ。
P.96	8月15日	平等寺万灯会	能登町寺分	世界平和と先祖供養の数百の灯籠が揺らめき仏の世界へ誘う。
P.96	8月16日	金蔵万灯会	輪島市町野町金蔵	集落の五カ寺を中心に万灯がともる光景は光の湖を思わせる。
	8月17日	曽々木大祭	輪島市曽々木海岸(春日神社)	打ち上げ花火が上がる名勝窓岩前でキリコと神輿が乱舞する。
	8月17・18日	沖波大漁祭り	穴水町沖波(諏訪神社)	前夜集落を巡ったキリコが18日の朝、海中に入り豊漁を祈願。
	8月17・18日	大沢夏祭り	輪島市大沢町(静浦神社)	マガキ集落を船山が練り回る。神輿との駆け引きがみもの。
P.20	8月22~26日	輪島大祭	輪島市街地四町内(四神社)	キリコ渡御は22~25日。海士神輿の海中渡御は22・23日夕方。柱松明の炎上行事も見られる。
P.18	8月第3土曜	ござれ祭り	能登町柳田植物公園	地域あげてのイベントで、キリコと郷土芸能と花火がみもの。

葉月《はづき》

月日	行事の名称	場所	みどころなど
8月第4土曜	**酒見大祭**	志賀町富来酒見（少名彦神社）	能登富士を背景に神輿やキリコや赤い旗がつらなる祭礼絵巻。
8月第4土曜	**福浦祭り**	志賀町富来福浦（猿田彦神社）	日中は神輿が海上渡御。夜は祭り歌を唄いながら町内を練る。
8月24・25日	**にわか祭り**	能登町鵜川（海瀬神社）	にわかと呼ぶ変形キリコ9基が夜を徹して町内を激しく練る。
8月中〜下旬	**富木八朔祭り**	志賀町富来（富木八幡神社）	八幡の男神が住吉の女神に会いに行く。夜宮にキリコが出る。
P.74 8月27日	**鎌祭り**	中能登町金丸（鎌宮諏訪神社）ほか	神木のタブノキに鎌を打ち込む風鎮祭。同日三社で行われる。

長月《ながつき》

月日	行事の名称	場所	みどころなど
P.24 9月10・11日	**蛸島大祭**	珠洲市蛸島町（高倉彦神社）	華麗なキリコの行列と、11日夜の早船狂言がユーモラス。
9月第2土曜	**大町川島秋祭り**	穴水町大町と川島地区	穴水町の中心街をキリコと山車が数多く巡行する。
9月13日	**川渡し神事**	羽咋市川原町（羽咋神社）	みものは夜の神輿の川渡り。祭神が女神を訪れる伝承もある。
9月14・15日	**正院祭り**	珠洲市正院（八幡神社）	夜はキリコ祭り。15日の日中に行われる奴振り行列は珍しい。
9月16・17日	**柳田大祭**	能登町柳田（白山神社）	宵祭りでろうそくを灯したキリコがお旅する光景は神秘的。
P.44 9月20日	**お熊甲祭り**	七尾市中島町（久麻加夫都阿良加志比古神社）	能登最大の秋祭り。長大な真紅の幟、猿田彦のユーモラスな舞、各社の神輿が列なす絵巻。

神無月《かんなづき》 霜月《しもつき》 師走《しわす》

9月第3土・日曜	**袖キリコ祭り**	能登町小木（御船神社）	夜着の袖を広げたような袖キリコを深夜まで勇壮に担ぎ出す。
9月25日	**唐戸山神事相撲**	羽咋市南中央町（唐戸山）	加越能三国の力士が夜遅くまで熱戦する伝統の神事相撲。
10月上旬	**寺家大祭**	珠洲市寺家（須須神社）	山車化した巨大で華麗なキリコ4基が明け方まで練り回る。
11月7日	**いどり祭り**	能登町鵜川（菅原神社）	宮座の遺風を残す収穫感謝祭。大鏡餅や小餅に難癖をつける。
11月17～21日	**ばっこ祭り**	中能登町能登部（能登部神社）	ハイライトは19日夜から20日未明にかけての神迎えの秘儀。
P.120 12月5日	**アエノコト**	奥能登の農家	奥能登の田の神祭り。農家の主人が感謝のもてなしをする。
12月16日	**鵜祭り**	羽咋市寺家（気多大社）	七尾市鵜浦で捕獲された鵜で、吉凶を占う気多大社の秘儀祭。
12月31日	**巫女の浜禊ぎ**	羽咋市一宮海岸（気多大社）	新年を迎えるために巫女たちが海水に足を浸して身を清める。

P.100印は本書掲載のページ数。
祭りなどの日程と一部内容は変更される場合があります。
※問い合わせ先は
能登の旅情報センター（☎0768—26—2555）または、各市町役場。

著者略歴

藤平 朝雄（ふじひら・あさお）文

能登半島広域観光協会相談役。石川県観光スペシャルガイド。著書に『奥能登万華鏡』（能登印刷出版部）、『タブノキは残った』（能登カルチャークラブ）、『町野今昔物語』（あえの郷しんこう会）。共著に『能登燦々』（中日新聞社）など。地元紙誌にエッセーを執筆するとともに、能登の観光文化と歴史民俗に関わる講演活動を続ける。昭和14（1939）年生まれ。東京都目黒区出身。昭和44年より石川県輪島市に在住。第51回中日社会功労賞。

渋谷 利雄（しぶや・としお）写真

日本写真家協会会員。三軌会会員。石川県観光スペシャルガイド。羽咋市文化財審議会委員。著書に写真集『キリコの祈り』（蒼洋社）、『能登の祭り歳時記』『加賀の祭り歳時記』（ともに桜楓社）。共著に『石川の祭礼行事』（桜楓社）、『能登燦々』（中日新聞社）など。各種カレンダーの制作も多く、写真は観光ポスターをはじめ、国内外の歴史・文化関連の書籍に多数発表している。昭和11（1936）年生まれ。石川県羽咋郡宝達志水町出身。羽咋市在住。第52回中日社会功労賞。

沖波大漁祭り（穴水町）

Photo《フォト》 & Essay《エッセー》 やさしの国より

能登劇場八十八景

2008年6月16日　初版第1刷発行
2008年7月14日　初版第2刷発行

著　者　藤平　朝雄（文）
　　　　渋谷　利雄（写真）
発行者　荒屋　昌夫
発行所　中日新聞社
〒460-8511
名古屋市中区三の丸一丁目6番1号
電話　052-201-8811（大代表）
　　　052-221-1714（出版開発局直通）
振替　00890-0-10
デザイン　恩田　一弘
印刷所　サンメッセ株式会社

定価はカバーに表示してあります。
乱丁、落丁本はお取り替えいたします。

ISBN978-4-8062-0568-5 C0026